MILAGRES DA VIDA

J. G. BALLARD

Milagres da vida
*De Shanghai a Shepperton
Uma autobiografia*

Tradução
Isa Mara Lando

COMPANHIA DAS LETRAS

Copyright © 2008 by J. G. Ballard

Texto atualizado segundo o Acordo Ortográfico da Língua Portuguesa de 1990, que entrou em vigor no Brasil em 2009.

Título original
Miracles of life – Shanghai to Shepperton: an autobiography

Capa
Kiko Farkas e Mateus Valadares/Máquina Estúdio

Ilustração de capa
Mateus Valadares

Preparação
Lucila Lombardi

Revisão
Arlete Zebber
Marise Leal

Dados Internacionais de Catalogação na Publicação (CIP)
Câmara Brasileira do Livro, SP, Brasil

Ballard, J. G., 1930-2009
    Milagres da vida : de Shanghai a Shepperton : uma autobiografia / J. G. Ballard ; tradução Isa Mara Lando. — São Paulo : Companhia das Letras, 2009.

    Título original: Miracles of life : Shangai to Shepperton : an autobiography.
    ISBN 978-85-359-1494-8

    1. Escritores ingleses – Século 20 – Autobiografia 2. Guerra Mundial, 1939-1945 – Influências I. Título.

| 09-05713 | CDD-823.914 |

Índice para catálogo sistemático:
1. Escritores ingleses : Autobiografia   823.914

[2009]
Todos os direitos desta edição reservados à
EDITORA SCHWARCZ LTDA.
Rua Bandeira Paulista, 702, cj. 32
04532-002 — São Paulo — SP
Telefone (11) 3707-3500
Fax (11) 3707-3501
www.companhiadasletras.com.br

Para
Fay, Bea e Jim

Sumário

PARTE I

1. Chegada a Shanghai (1930) 11
2. A invasão japonesa (1937) 29
3. A guerra na Europa (1939) 39
4. Meus pais 47
5. O ataque a Pearl Harbor (1941) 54
6. O campo de Lunghua (1943) 63
7. Xadrez, tédio e um certo distanciamento (1943) 75
8. Os ataques aéreos americanos (1944) 84
9. A estação ferroviária (1945) 94
10. O fim da guerra (1945) 102

PARTE II

11. Um murro no queixo (1946) 111
12. *Cambridge blues* (1949) 128
13. Um papa aos gritos (1951) 138
14. Descobertas vitais (1953) 145
15. Milagres da vida (1955) 155

16. Este é o amanhã (1956) 169
17. Mulheres sábias (1964) 179
18. A exposição de atrocidades (1966) 185
19. Tempo de cura (1967) 200
20. A nova escultura (1969) 209
21. Almoços e filmes (1987) 218
22. Volta a Shanghai (1991) 234
23. Voltando para casa (2007) 244

PARTE I

1. Chegada a Shanghai (1930)

Nasci no Hospital Geral de Shanghai em 15 de novembro de 1930, após um parto difícil que minha mãe, de compleição delicada e quadris estreitos, gostava de descrever para mim em detalhes, falando como se isso revelasse a injustiça reinante no mundo. Durante o jantar ela sempre me contava como a minha cabeça ficara deformada com o parto, e desconfio que acreditava que isso explicava meu comportamento rebelde na adolescência e juventude (amigos médicos me dizem que não há nada fora do comum nesse tipo de parto). Minha irmã Margaret nasceu de cesariana em setembro de 1937, e nunca ouvi minha mãe refletir sobre esse assunto.

Morávamos no número 31 da avenida Amherst, em um bairro residencial na zona oeste de Shanghai, mais ou menos setecentos metros depois da fronteira do Assentamento Internacional, mas dentro da área mais ampla controlada pela polícia de Shanghai. A casa ainda está em pé e, na minha última visita a Shanghai, em 1991, fora transformada na biblioteca do Instituto Estadual de Eletrônica. O Assentamento Internacional que se limitava ao sul com a Concessão Francesa, quase do mesmo tamanho, se estendia desde o Bund — a larga avenida ao longo do rio Huangpu, com seus bancos, hotéis e lojas comerciais — até uns oito quilômetros mais a oeste. Quase todas as lojas de departamento, restaurantes, cinemas, boates e estações de rádio ficavam no Assentamento Internacional, mas as indústrias se situavam em grandes áreas nos arredores da cidade. Os cinco milhões de habitantes chineses tinham livre acesso ao assentamento, e quase todas as pessoas que eu via na rua eram chinesas. Acredito que havia mais ou menos 50 mil não chineses — entre eles britânicos, franceses, americanos, alemães, italianos, japoneses, e ainda um grande número de russos brancos e refugiados judeus.

Shanghai não era uma colônia inglesa, como a maioria das pessoas imagina, tampouco se parecia com Hong Kong ou Cingapura — locais que visitei antes e depois da guerra e mais se assemelhavam a ancoradouros de navios de guerra e bases de abastecimento da marinha do que a vibrantes centros comerciais. Eram, também, muito dependentes do *pink gin* e do tradicional brinde à Rainha. Shanghai era, como é até hoje, uma das maiores cidades do mundo, 90% chinesa e 100% americanizada. Estranhos cartazes de propaganda — não sai da minha memória a tropa de honra com cinquenta corcundas chineses na estreia de *O corcunda de Notre Dame* — faziam parte do dia a dia, embora às vezes eu me pergunte se o que faltava na cidade era, justamente, o dia a dia comum.

Com seus jornais e rádios em todas as línguas, Shanghai era uma cidade da mídia, muito antes que isso fosse moda. Era considerada a Paris do Oriente, e também a cidade mais pervertida do mundo, embora na minha infância eu não soubesse nada sobre seus milhares de bares e prostíbulos. O capitalismo selvagem corria solto pelas ruas cheias de mendigos exibindo suas chagas e feridas. Shanghai tinha importância política e comercial, e por muitos anos foi a principal base do Partido Comunista chinês. Nos anos 1920 houve violentas lutas de rua entre os comunistas e as forças do Kuomintang, comandadas por Chiang Kai-shek; depois, nos anos 1930, foram frequentes os atentados terroristas — embora quase inaudíveis, suponho, abafados pela música das intermináveis noitadas nas boates, os shows de acrobacias aéreas e a corrida desenfreada, implacável, atrás do dinheiro. Enquanto isso, caminhões da prefeitura passavam todos os dias pelas ruas recolhendo os corpos dos chineses miseráveis que morriam de fome pelas calçadas da cidade, as mais duras do mundo. As festas, o cólera e a varíola coexistiam com as animadas idas e vindas de um garotinho inglês para a piscina do Country Club, no banco de trás do Buick da família. As violentas dores de ouvido causadas pela água infectada da piscina eram aliviadas pelo consumo ilimitado de Coca-Cola e sorvete, e pela promessa de que na volta o motorista pararia em uma banca de jornais para comprar revistas em quadrinhos americanas.

Em retrospecto, pensando na criação dos meus filhos em Shepperton, vejo o quanto tive que assimilar e digerir. Em cada passeio de carro por Shanghai, sentado ao lado de Vera, minha babá russa (supostamente para me proteger contra alguma tentativa de sequestro pelo motorista, embora eu nem imagine até que ponto aquela jovem sensível estaria disposta a se arriscar por mim), eu via alguma coisa estranha e misteriosa, mas a encarava como algo normal. Creio que era a única maneira possível de enxergar aquele caleidoscópio brilhante e sangrento que era Shanghai — os prósperos comerciantes chineses parados na rua Bubbling Well para apreciar um fio de sangue escorrendo do pescoço de um ganso furioso, amarrado ao poste telefônico; jovens gângsteres chineses, com seus ternos americanos, espancando um lojista; mendigos brigando por um espaço na calçada; lindas garotas de programa russas, sorrindo para os transeuntes (eu sempre imaginava como seria se elas fossem minhas babás, se comparadas a Vera, sempre emburrada, sempre controlando rigidamente meu cérebro em constante atividade).

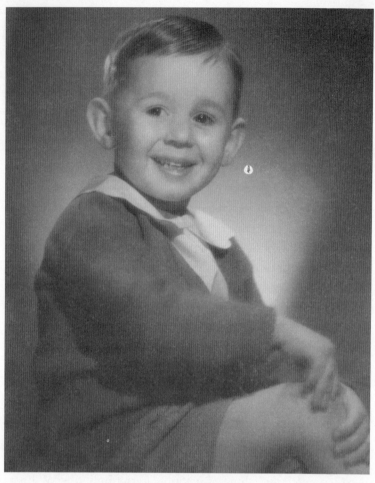

Eu em Shanghai, 1934

Mesmo assim, Shanghai me impressionava como um lugar mágico, uma fonte inesgotável de fantasia que deixava no chinelo a minha própria imaginação infantil. Havia sempre algo de inusitado e incongruente para se ver: um grande espetáculo de fogos de artifício comemorando a inauguração de uma nova boate, enquanto os carros da polícia avançavam contra uma multidão de trabalhadores aos gritos; o exército de prostitutas de casacos de pele na porta do Park Hotel, "esperando amigos", como me dizia Vera. Os esgotos a céu aberto desaguavam no fedorento rio Huangpu, e a cidade inteira exalava um cheiro de lixo e doenças, mais os miasmas de fritura das incontáveis barraquinhas de comida chinesa. Na Concessão Francesa passavam bondes imensos em alta velocidade, com suas sinetas tocando, pelo meio da multidão. Tudo era possível e qualquer coisa podia ser comprada e vendida. Tudo isso me parece um palco; mas, na época, era real. Creio que grande parte da minha ficção é uma tentativa de evocar essas coisas todas, por outro meio que não a memória.

Ao mesmo tempo, havia um lado estritamente formal na vida em Shanghai — recepções de casamentos no Clube Francês, onde já fui pajem e provei pela primeira vez canapés de queijo, tão horrorosos que pensei que tivesse contraído alguma terrível doença desconhecida. Havia corridas de cavalo na pista de corrida de Shanghai, com gente muito bem-vestida, e reuniões patrióticas na embaixada britânica no Bund — ocasiõcs ultraformais, com horas e horas de espera que quase me deixavam louco. Meus pais ofereciam elaborados jantares formais, em que todos os convidados acabavam bêbados, e que para mim costumavam terminar quando algum dos alegres colegas do meu pai me encontrava escondido atrás do sofá, ouvindo conversas que eu não compreendia em absoluto. "Edna, temos um clandestino a bordo..."

Minha mãe me contou sobre uma recepção no início dos anos 1930, quando fui apresentado a madame Sun Yat-sen, viúva do homem que derrotou a dinastia Manchu e se tornou o primeiro presidente da China. Mas acho que meus pais preferiam a irmã dela, madame Chiang Kai-shek, boa amiga dos Estados Unidos e dos grandes empresários americanos. Na época, minha mãe era uma bela jovem na casa dos trinta anos, muito popular no Country Club. Certa vez foi eleita a mulher mais bem-vestida de Shanghai; mas não tenho certeza se considerou isso um elogio; tampouco se realmente desfrutou do tempo que passou na cidade (mais ou menos de 1930 a 1948). Bem mais tarde, por volta dos sessenta anos, tornou-se uma veterana das longas viagens aéreas e esteve em Cingapura, Bali e Hong Kong, mas não voltou a Shanghai. "É uma cidade industrial", explicava ela, como se isso encerrasse o assunto.

Desconfio de que meu pai, com sua paixão por H. G. Wells e sua crença na ciência moderna como salvadora da humanidade, desfrutou muito mais de Shanghai. Sempre pedia ao motorista que diminuísse a velocidade quando passávamos por algum marco local importante — o Instituto Radium, onde algum dia se descobriria a cura do câncer; a grande propriedade dos Hardoon, no centro do Assentamento Internacional, fundada por um magnata iraquiano do ramo imobiliário. Certa vez uma cartomante lhe disse que, se ele parasse de construir, morreria, e assim Hardoon continuou construindo elaborados pavilhões por toda a cidade — muitos deles sem portas e sem nada dentro. No meio da confusão do trânsito no Bund, meu pai me mostrava o "Cohen Dois-Revólveres", na época um famoso segurança dos chefes das gangues. Eu ficava olhando, com todo o deslumbramento de um garotinho, aquele carrão americano com vários homens armados em pé no estribo, no estilo dos gângsteres de Chicago. Antes da guerra, meu pai sempre me levava à fábrica da sua empresa, do outro lado do rio Huangpu, na margem leste — ainda me lembro do medonho barulho das máquinas nos galpões de fiação e tecelagem, das centenas de imensos teares Lancashire, cada um deles vigiado por uma adolescente chinesa, pronta para desligar a máquina se um único fio se partisse. Essas meninas do interior já tinham ficado surdas há muito tempo com a barulheira dos teares, mas eram todas arrimo de família, e meu pai abriu uma escola ao lado da fábrica para que pudessem aprender a ler, escrever e ter alguma esperança de um dia trabalhar em um escritório.

Isso me impressionava, e eu pensava muito a respeito no caminho de volta, atravessando o rio no ferry *China Printing*, que avançava desviando de dezenas de corpos de chineses, cujas famílias não tinham como comprar um caixão e os atiravam nas correntes de esgoto do rio Nantao. Enfeitados com flores de papel, eles boiavam para cá e para lá enquanto o trânsito intenso de barcos motorizados cortava ao meio aquela estranha regata de cadáveres flutuantes.

Shanghai era extravagante, mas cruel. Mesmo antes da invasão japonesa de 1937, havia centenas de milhares de chineses expulsos do campo para a cidade. Poucos encontravam trabalho, e nenhum encontrava caridade. Nessa época, antes dos antibióticos, havia epidemias de cólera, febre tifoide e varíola, mas nós, de alguma forma, sobrevivemos. Talvez porque nossos dez empregados moravam conosco (no alojamento dos criados, duas vezes maior que minha atual casa em Shepperton). O consumo desenfreado de bebidas alcoólicas pode ter tido um papel profilático; anos mais tarde minha mãe me contou que muitos funcionários ingleses do meu pai bebiam discretamente durante todo o expediente, e ainda continuavam à noite. Mesmo assim, tive disenteria amebiana e passei longas semanas no Hospital Geral de Shanghai.

De modo geral eu vivia bem protegido, considerando o medo de um sequestro. Meu pai se envolveu em disputas trabalhistas com os líderes do sindicato comunista, e minha mãe achava que eles tinham ameaçado matá-lo. Imagino que chegaram a algum acordo, mas meu pai guardava uma pistola automática no armário, no meio das camisas, a qual acabei encontrando um dia. Eu costumava sentar na cama da minha mãe com essa arma pequena, porém carregada, praticando sacar rápido da cinta e apontando a arma para o meu reflexo no espelho. Tive muita sorte por não atirar em mim mesmo, e fui sensato o bastante para não me gabar a respeito com meus amigos da Cathedral School.

Passávamos os verões no resort de Tsingtao, uma praia ao norte da cidade, longe do calor implacável e do fedor de Shanghai. Os maridos eram deixados para trás, e as jovens esposas se divertiam a valer com os oficiais da Real Marinha Britânica, de folga em terra. Há uma foto mostrando várias esposas bem-vestidas, sentadas em poltronas de palha, e atrás de cada uma, em pé, um belo oficial, bronzeado e sorridente. Quem eram os caçadores, e quem eram os troféus?

A avenida Amherst, com suas casas grandes, em estilo ocidental, se prolongava por uns mil e quinhentos metros além do perímetro do Assentamento Internacional. Do telhado da minha casa se via o campo aberto, uma área interminável com arrozais, pequenas aldeias, canais e plantações que se estendiam até a área que mais tarde se tornou o campo de prisioneiros de Lunghua, a uns oito quilômetros para o sul. Era uma casa de três andares, com estrutura de madeira aparente, em estilo Surrey. Em Shanghai, cada nacionalidade estrangeira construía sua casa em seu próprio idioma — os franceses erguiam vilas provençais e mansões *art déco*; os alemães, caixotes brancos à la Bauhaus, e os ingleses, casas com estrutura de madeira aparente, uma fantasia que lembrava a elegância dos clubes de golfe, com uma nostalgia meio falsa que reconheci décadas depois quando visitei Beverly Hills. Mas todas as casas, inclusive a número 31 da avenida Amherst, tinham o interior em estilo americano — uma cozinha superespaçosa, uma despensa enorme com geladeiras gigantescas, aquecimento central, janelas duplas e um banheiro para cada quarto. Isso significava privacidade física total. Nunca vi meus pais nus nem juntos na cama, e sempre usava o banheiro ao lado do meu quarto. Meus filhos, ao contrário, foram criados com intimidade quase total comigo e com minha mulher — compartilhando a pia, as toalhas e os sabonetes e, espero, a mesma franqueza a respeito do corpo e de suas funções, tão humanas.

Para meus pais, porém, deve ter sido mais difícil manter a privacidade na nossa casa em Shanghai do que eu imaginava quando menino. Tínhamos dez empregados — o Criado (*Boy*) nº 1 (na casa dos trinta anos e o único com fluência em inglês), seu assistente, o Criado nº 2, o Ajudante (*Coolie*) nº 1 para o trabalho pesado da casa, seu assistente, o Ajudante nº 2, um cozinheiro, duas amas (mulheres de punhos firmes e pezinhos enfaixados que jamais sorriam ou davam o menor sinal de amabilidade), um jardineiro, um motorista e um vigia noturno que patrulhava o jardim e a entrada da casa enquanto dormíamos. Por fim, havia sempre uma babá europeia — normalmente alguma jovem exilada russa, que morava em casa conosco.

O filho do cozinheiro era um menino da minha idade cujo nome minha mãe recordava até os noventa anos. Eu tentava desesperadamente fazer amizade com ele, mas nunca consegui. Ele não tinha permissão para entrar no jardim principal, e se recusava a me acompanhar quando eu o convidava para subir nas árvores comigo. Passava o tempo todo no corredor do pátio, entre a casa principal e o alojamento dos empregados, e seu único brinquedo era uma lata vazia de leite em pó Klim. Havia três furos na tampa, por onde ele jogava pedrinhas; em seguida tirava a tampa e espiava lá dentro. Passava horas fazendo isso, o que me deixava extremamente intrigado, desafiando minha brevíssima capacidade de atenção. Como eu tinha plena consciência de ter um quarto repleto de brinquedos ingleses e alemães muito caros (encomendados todos os anos, em setembro, da Hamleys, em Londres), fiz uma seleção de carros, aviões, soldadinhos de chumbo e navios de guerra e levei para ele. Como ele pareceu perplexo com aqueles objetos estranhos, saí de perto para que os explorasse. Duas horas depois, voltei discretamente e o encontrei rodeado pelos brinquedos intactos, jogando as pedrinhas na lata. Hoje compreendo que aquilo devia ser um jogo, um tipo de aposta com as pedrinhas. Os brinquedos tinham sido um presente sincero, mas naquela noite, ao deitar, vi que todos tinham sido devolvidos. Espero que esse menino chinês, tímido e agradável, tenha sobrevivido à guerra. Sempre penso nele, com sua lata e suas pedrinhas, lá longe, em seu próprio universo.

O grande número de empregados, nada mais que a norma entre as famílias ocidentais abastadas, era possível devido aos salários baixíssimos que recebiam. O Criado nº 1 ganhava cerca de trinta libras por ano (talvez o equivalente a mil libras hoje), e os ajudantes e amas, mais ou menos dez libras anuais. Eles não pagavam aluguel, mas tinham que comprar a própria comida. De tempos em tempos uma delegação liderada pelo Criado nº 1 procurava meus pais, que bebericavam seu uísque com soda na varanda, e explicava que o preço do arroz tinha subido de novo; presumo que meu pai, então, aumentava os salários de acordo. Mesmo após a tomada do Assentamento Internacional pelos japoneses, em 1941, meu pai conservou todo seu quadro de empregados, embora seus negócios tivessem caído drasticamente. Depois da guerra, ele me explicou que os empregados não tinham para onde ir e provavelmente morreriam se fossem demitidos.

É curioso como essa preocupação humanitária andava de mãos dadas com convenções sociais que hoje nos parecem inconcebíveis. Nós chamávamos os empregados de "Criado nº 1" ou "Ajudante nº 2", nunca pelo nome. Era comum minha mãe dizer: "Criado nº 1, diga ao Ajudante nº 2 para varrer a entrada..." ou "Criado nº 2, acenda as luzes da entrada...". Desde muito pequeno eu fazia o mesmo. E o Criado nº 1 respondia ao meu pai dizendo assim: *"Patrão, eu já fala Criado nº 2 compra filé bife no Compradore"* — a loja de alimentos da avenida Joffre, abarrotada de iguarias, que abastecia nossa cozinha.

Considerando a dura vida nas ruas de Shanghai, a fome, as enchentes e a interminável guerra civil que assolava suas aldeias, os empregados deviam estar razoavelmente satisfeitos, cientes de que milhares de chineses miseráveis vagavam pelas ruas de Shanghai, prontos para fazer qualquer coisa para conseguir trabalho. Todos os dias de manhã, quando o chofer me levava para a escola, eu notava os novos caixões deixados à beira da estrada — às vezes caixõezinhos miniatura, decorados com flores de papel, de crianças da minha idade. Cadáveres jaziam nas ruas do centro da cidade, pranteados por mulheres camponesas, ignorados pelo lufa-lufa dos transeuntes. Uma vez, quando meu pai me levou ao seu escritório na rua Szechuan, próximo ao Bund, vi uma família chinesa que tinha passado a noite amontoada contra a grade de aço no topo da escadaria do prédio. Enxotados pelos seguranças, deixaram para trás um bebê ao pé da grade, morto de frio ou por alguma doença. Na rua Bubbling Well, nosso carro teve que frear quando o homem que puxava o riquixá na nossa frente parou de repente, arriou as calças de algodão e começou a defecar uma torrente de líquido amarelo no meio da rua — que depois seria pisada e espalhada pela multidão, levando disenteria e cólera para cada fábrica, loja e escritório de Shanghai.

Como faria qualquer menino de cinco ou seis anos, eu aceitava tudo isso sem pensar, assim como a penosa labuta dos estivadores descarregando navios ao longo do Bund — homens de meia-idade com as veias explodindo nas pernas, cambaleando e gemendo debaixo das enormes cargas que pendiam de uma vara equilibrada no pescoço, andando bem devagar, um passinho de cada vez, até os armazéns das proximidades, imensos depósitos dos comerciantes chineses. Depois ficavam de cócoras diante de uma tigela de arroz com uma folha de repolho, que, de algum jeito, lhes dava energia para aguentar aquelas cargas monstruosas. Na rua Nanking, meninos de rua corriam atrás do nosso carro mendigando, batendo no vidro, gritando "*no mamma, no papa, no whisky soda...*". Será que tinham aprendido essa frase com os europeus, que lhes diziam isso com ironia, sem dar a mínima importância às suas súplicas?

Quando eu tinha seis anos, antes da invasão japonesa de 1937, havia um velho mendigo que sempre ficava sentado, encostado no muro, bem onde o carro dava uma parada antes de virar na avenida Amherst. Eu olhava para ele do banco de trás do nosso Buick, um ancião velhíssimo e magérrimo, vestido com trapos, desnutrido durante a vida toda e que agora exalava seus últimos suspiros. Batia no chão uma latinha de cigarros Craven para chamar a atenção dos passantes, mas ninguém lhe dava nada. Depois de alguns dias percebi que ele estava visivelmente mais fraco, e perguntei à minha mãe se o Ajudante nº 2 poderia levar um pouquinho de comida para o velho. Cansada da minha insistência, ela cedeu e disse que ia mandar o Ajudante levar uma tigela de sopa. No dia seguinte caiu neve e o velho ficou todo coberto por uma colcha branca. Lembro de pensar comigo mesmo que ele ficaria mais quentinho embaixo desse edredom macio. Ele continuou ali, embaixo da colcha, durante vários dias, e depois desapareceu.

Quarenta anos mais tarde, perguntei a minha mãe porque ela não dava comida para aquele velho, e ela respondeu: "Se eu lhe desse comida, em duas horas já haveria ali cinquenta mendigos". De certa forma, ela tinha razão. Europeus cheios de espírito empreendedor haviam trazido imensa prosperidade a Shanghai, mas nem toda a riqueza da cidade seria suficiente para alimentar os milhões de miseráveis que chegavam em hordas, enxotados do campo pela fome e pela guerra. Ainda penso naquele velho, um ser humano reduzido àquele terrível fim, a poucos metros de onde eu dormia no meu quarto bem aquecido, cercado pelos meus valiosos brinquedos alemães. Mas eu, como criança, me satisfiz com aquele pequeno ato de gentileza, uma abstrata tigela de sopa,

Eu aos cinco anos, na escola de equitação de Shanghai

que eu provavelmente já sabia que seriam apenas palavras nos lábios da minha mãe. Lá pelos catorze anos eu já era tão fatalista em relação à morte, à pobreza e à fome quanto os próprios chineses. Eu sabia que a bondade, isoladamente, só daria para alimentar poucas bocas, e não salvaria nenhuma vida.

Lembro de muito pouco antes dos meus cinco ou seis anos, quando entrei no primeiro ano da Cathedral School, um colégio de meninos. A escola seguia a linha inglesa, com um programa voltado para os exames do Certificado Escolar ou seu equivalente do pré-guerra, dominado pelo latim e pelas escrituras religiosas. Os professores eram ingleses e nos obrigavam a dar duro — o que era surpreendente, considerando que a vida dos pais dos alunos girava em torno de boates e jantares. Tínhamos duas horas de latim, dia sim dia não, e muita lição de casa. O diretor era um clérigo da Igreja da Inglaterra chamado reverendo Matthews, um sádico que usava e abusava não só da bengala como também dos punhos, batendo brutalmente até nos meninos bem pequenos. Tenho certeza de que hoje ele seria processado por abuso infantil e maus-tratos. Por milagre sempre escapei da sua ira, embora eu tenha logo descoberto por quê. Meu pai era diretor de uma importante companhia inglesa, e mais tarde foi vice-diretor da Associação dos Residentes Britânicos. Percebi que o reverendo Matthews só batia nos meninos de famílias mais modestas. Um ou dois eram espancados e humilhados quase todos os dias, e até hoje não entendo como os pais nunca reclamavam. Por mais estranho que pareça, isso tudo fazia parte da tradição britânica de nunca reclamar nem demonstrar fraqueza — que mais tarde se revelaria incapaz de dar conta de outra tradição violenta, o *bushido*,* e a brutalidade atroz com que os oficiais japoneses tratavam os soldados sob seu comando.

Quando o reverendo Matthews foi internado no campo de Lunghua, sofreu uma transformação impressionante: abandonou o colarinho eclesiástico, passava horas tomando sol em uma espreguiçadeira, e virou até um pouco mulherengo, como se, finalmente, pudesse jogar fora aquele disfarce imposto por suas ideias fantasiosas acerca de si mesmo — um tipo de autoengano tipicamente inglês.

Além da escola, lembro-me de muitas festas infantis, com cada criança acompanhada por sua babá refugiada — uma chance para as mocinhas russas e judias alemãs botarem as fofocas em dia. Durante as férias escolares íamos todas as manhãs ao Country Club, onde eu passava horas na piscina com os meus amigos. Eu

---

* Ética dos samurais e guerreiros japoneses que dava mais valor à honra do que à própria vida. (N. T.)

nadava muito bem e cheguei a ganhar uma colherzinha de prata por tirar o primeiro lugar numa competição de mergulho, embora hoje fique na dúvida se esse prêmio foi realmente para mim ou para os meus pais.

Em casa eu passava muito tempo sozinho. A vida social na Shanghai do pré-guerra era uma ocupação em tempo integral para a minha mãe — jogar tênis no Country Club, bridge com as amigas, fazer compras, almoçar nos hotéis do centro da cidade. À noite havia jantares e boates. Minha mãe sempre me ajudava com a lição de latim, mas a maior parte do dia eu passava sozinho, naquela casa imensa onde os criados chineses nunca olhavam para mim nem falavam comigo, enquanto a babá lia os romances da minha mãe e ouvia música na radiola. Às vezes eu ficava escutando uma das dezenas de estações de rádio em inglês (eu gostava de telefonar pedindo músicas, com o codinome "Ás da Aviação"), ou jogava xadrez com a babá; meu pai me ensinou a vencer, e eu ensinei as babás a perder. As babás russas que se sucediam devem ter se entediado mortalmente comigo, e uma delas me disse que o trovão que tinha me assustado era a voz de Deus — "Ele está zangado com você, James". Isso me deixou perturbado durante anos. Por algum motivo eu quase acreditei nela.

De vez em quando ia ao cinema com a minha mãe ou a babá, um dos vastos cinemas em estilo *art déco* que havia em Shanghai. O primeiro filme que vi foi *Branca de Neve,* que me deixou terrivelmente apavorado. A rainha má — a pura essência da maldade se irradiando por toda a sala de cinema — me lembrava demais as mães dos meus amigos, quando estavam cansadas de me ver tirar seus móveis do lugar.

Os livros infantis que eu lia, como *As mil e uma noites*, os contos de fadas dos irmãos Grimm ou *Os bebês aquáticos,* eram em geral perturbadores, com ilustrações inspiradas em Beardsley e nos pré-rafaelitas: interiores góticos asfixiantes e florestas iluminadas por lamparinas. Esses livros provavelmente me prepararam para os pintores surrealistas. Li as versões infantis de *As viagens de Gulliver* e *Robinson Crusoé*, que adorei, especialmente este último — ainda escuto o som das ondas quebrando na praia. Eu devorava as revistas em quadrinhos americanas, que eram vendidas em qualquer lugar da cidade e lidas por todos os meninos ingleses — *Buck Rogers, Flash Gordon* e, mais tarde, *Super-Homem*. Meu favorito era *Terry e os Piratas*, a história de um piloto americano e suas aventuras como mercenário no Extremo Oriente, algumas passadas ali mesmo em Shanghai, onde eu morava. Mais tarde li best-sellers americanos como *Tudo isso e o céu também, Babbitt, Anthony Adverse, ...E o vento levou*. Meus pais assinavam diversas revistas — *Life, Time, The New Yorker, Saturday Evening Post* e várias outras, e eu passava horas virando as páginas e me deleitando com seu otimismo americano.

Havia também os almanaques infantis anuais como *Chums* e *Boy's Own Paper*, compêndios agressivos de bravura patriótica. Os livros de A. A. Milne e a série *Just William* retratavam uma Inglaterra mítica de classe média, o mundo de Londres e de *Peter Pan*, muito distante da realidade — ao contrário das revistas *Time* e *Life*, tão próximas da realidade americana. Entretanto, era uma realidade confirmada pelos médicos, arquitetos, gerentes e clérigos britânicos que conheci em Shanghai. É certo que eles dirigiam carros americanos e tinham geladeiras americanas, mas na fala e no comportamento não eram muito diferentes dos médicos e professores que eu encontrava nas minhas leituras.

Tudo isso conferia aos adultos ingleses uma certa autoridade — que se perdeu por completo depois de poucos anos, após o naufrágio dos navios de guerra *Repulse* e *Prince of Wales* e da rendição de Cingapura. Os britânicos perderam um respeito que nunca mais recuperaram, como descobri quando os vendedores chineses, dentistas franceses e motoristas de ônibus indianos começaram a fazer comentários depreciativos contra o poderio britânico. O sonho da construção do império morreu quando Cingapura se rendeu sem dar um tiro e nossos aviões mostraram que não estavam à altura dos caças Zero japoneses, com seus pilotos altamente treinados. Aos onze ou doze anos de idade eu já sabia que a bandeira britânica tinha se rompido em pedaços, e nem mesmo toda a propaganda maciça, com os cinejornais patrióticos, conseguiria montar de novo aquele quebra-cabeça. Dali em diante passei a achar todos os adultos ingleses ligeiramente suspeitos.

Meus melhores amigos eram uma família inglesa que morava no final da avenida Amherst, os Kendall-Ward. Eram uma feliz exceção a todas as regras das famílias inglesas expatriadas. Nas férias eu ia até a casa deles de bicicleta e ali passava quase o dia todo. Eram três irmãos, de quem me lembro bem, mas foram os pais que exerceram em mim um impacto poderoso e indelével. O sr. Kendall-Ward era alto executivo da Companhia Elétrica de Shanghai, mas ele e a mulher eram espíritos livres, que raramente socializavam com os outros ingleses. O pai era aficionado por trenzinhos elétricos e tinha uma grande varanda fechada no primeiro andar, com quase dez metros de comprimento, toda ocupada por uma maquete que chegava à altura da cintura, com túneis, morros, aldeias, lagos e os trilhos de trem; havia portinholas de acesso em vários pontos da maquete, por onde a cabeça dele aparecia subitamente, verificando os trilhos. Quando a varanda estava toda ocupada ele passou a colonizar os cômodos contíguos, construindo bancadas estreitas ao longo das paredes, que levavam suas linhas férreas cada vez mais para dentro da casa.

A sra. Kendall-Ward reinava sobre esse caos acolhedor, sempre hospitaleira e alegre, cercada por quatro cães Airdale, amamentando o bebê e me perguntando as novidades do centro da cidade. Ela me ouvia, com aparente interesse, contar em detalhes sobre algum novo navio de guerra francês ou italiano atracado às margens do Bund. Falava chinês fluentemente com as amas — algo que eu jamais tinha visto e que me deixava assombrado, e ainda chamava cada uma pelo nome. Era a única dos residentes estrangeiros de Shanghai que só empregava mulheres — tinha seis ou sete amas. Segundo minha mãe, era uma caridade por parte dos Kendall-Ward — se não fosse por eles, aquelas mulheres solteiras de meia-idade teriam muita dificuldade para sobreviver.

A casa dos Kendall-Ward era o extremo oposto da casa nº 31 da avenida Amherst, e sua influência perdurou por toda a minha vida. Minha mãe era amável, mas distante com qualquer amigo meu que eu trouxesse para casa. O relacionamento entre pais e filhos era muito mais formal nas décadas de 1930 e 1940, e nossa casa refletia isso — um espaço que quase parecia uma catedral, com o assoalho encerado e os móveis de madeira negra. Ao contrário da nossa, a casa dos Kendall-Ward era um ninho de gente, sempre em desordem, com os cães latindo, as amas discutindo, o zumbido da serra elétrica do sr. Kendall-Ward cortando o compensado, e quatro garotos, os três irmãos e eu, patinando pela casa e aprontando. Eu sabia que essa era a maneira certa de criar filhos. As aparências não importavam, e todos eram incentivados a seguir suas próprias ideias, mesmo as mais desmioladas. A sra. Kendall-Ward amamentava seu bebê na frente de todos, coisa que só as mulheres chinesas faziam. Quando nos levava a passear no Packard da família e parava para comprar revistinhas para os filhos, sempre trazia uma para mim também — algo que nenhuma outra mãe, inclusive a minha, jamais fazia. Setenta anos depois, ainda me lembro vividamente da sua gentileza e simpatia. Na minha casa poucas vezes me sentia infeliz; mas sempre era feliz quando estava com os Kendall-Ward, e creio que já naquela época eu percebia a diferença.

2. A invasão japonesa (1937)

Em 1937, o espetáculo das ruas que tanto fascinava um garotinho inglês passou a ser banhado por uma luz muito mais aterradora. O Japão, liderado por seus chefes militares e com a benção silenciosa do imperador, deflagrou uma invasão em larga escala contra a China. As forças japonesas tomaram todas as cidades costeiras, inclusive Shanghai, embora não entrassem no Assentamento Internacional. Travaram-se lutas acirradas, por vários meses, nas áreas mais afastadas da cidade, em especial nos subúrbios de Chapei e Nantao. As incessantes bombas aéreas e o bombardeio vindo dos navios de guerra japoneses no rio Huangpu arrasaram grandes áreas de Shanghai. Pela primeira vez na história das guerras, foi realizado um ataque coordenado por terra, mar e ar. O exército chinês de Chiang Kai-shek, embora tivesse muito mais homens do que o japonês, estava sob péssima liderança, dirigido por comparsas corruptos do comandante e de sua mulher.

Uma bomba que caiu por acidente de um avião chinês atingiu o parque de diversões Great World, próximo à pista de corridas, no coração do Assentamento Internacional. O parque estava repleto de refugiados, vindos de bairros distantes, e a bomba matou mil pessoas — o maior número de mortes já causadas, até então, por uma única bomba. Os chineses forçaram os japoneses a recuar para o rio, até lutarem em trincheiras que se enchiam de água na maré alta. Mas os japoneses triunfaram, e os exércitos de Chiang Kai-shek se retiraram para o vasto interior da China. A nova capital do país se tornou Chungking, 1.500 quilômetros a oeste.

Havia lutas violentas em campo aberto a pouco mais de um quilômetro da nossa casa. Em certo momento as rajadas de balas trocadas entre chineses e japoneses começaram a passar zunindo por cima do nosso telhado. Meus pais então fecharam a casa e nós nos mudamos, levando os criados, para uma casa alugada, na relativa segurança da Concessão Francesa.

Curiosamente, a casa para onde mudamos tinha uma piscina vazia no jardim. Deve ter sido a primeira vez que vi uma piscina vazia, e isso me afetou de um modo que nunca compreendi muito bem, como se houvesse naquilo um significado estranho. Meus pais decidiram não encher a piscina, e ela ficou ali no meio do jardim, como uma presença misteriosa e vazia. Eu atravessava o gramado, pisando na relva crescida, e ficava olhando o fundo inclinado da piscina. Podia ouvir tiros e bombardeios por toda a Shanghai, e ver a vasta nuvem de fumaça que pairava sobre a cidade, mas a piscina vazia permanecia como algo à parte. Nos anos seguintes vi muitas outras piscinas vazias e meio vazias, enquanto os ingleses iam trocando Shanghai pela Austrália ou o Canadá, ou pela suposta "segurança" de Hong Kong ou Cingapura, e todas pareciam tão misteriosas quanto aquela primeira piscina da Concessão Francesa. Eu não tinha consciência daquele simbolismo óbvio — o poder britânico que ia se esvaindo — pois ninguém pensava assim naquela época, e a fé no Império Britânico levava o patriotismo às alturas. Até o ataque a Pearl Harbor, e mesmo depois, acreditava-se, sem a menor sombra de dúvida, que bastaria enviar alguns navios de guerra de Sua Majestade e os japoneses fugiriam correndo de volta para a baía de Tóquio. Hoje penso que a piscina vazia representava o desconhecido, um conceito que não fizera parte da minha vida até então. Shanghai nos anos 1930 era repleta de fantasias extravagantes, mas eram espetáculos destinados a promover algum novo hotel ou aeroporto, uma nova loja de departamentos, uma boate ou uma pista de corrida de cães. Nada era desconhecido.

Uma vez que os exércitos chineses se retiraram, a vida em Shanghai voltou ao que era, como se pouca coisa houvesse mudado. Os japoneses cercaram a cidade, mas não esboçaram nenhuma tentativa de confrontar os contingentes de soldados ingleses, franceses e americanos, nem de interferir em seus navios de guerra no rio em frente ao Bund. O cruzador japonês *Idzumo*, veterano da Primeira Guerra, estava posicionado no meio do rio, mas os hotéis, bares e boates de Shanghai continuavam tão movimentados como sempre.

Com as aldeias e as plantações de arroz destruídas, milhares de camponeses miseráveis, vindos da bacia do rio Yang-Tsé, começaram a chegar na cidade, lutando para entrar no Assentamento Internacional. Eram repelidos com extrema crueldade pelos soldados japoneses e pela polícia britânica. Vi muitos chineses atravessados por baionetas, caídos no chão em meio aos seus sacos de arroz manchados de sangue. A violência era tão difundida que meus pais e minhas diversas babás nunca tentaram esconder de mim as brutalidades que ocorriam. Eu sabia que os japoneses eram capazes de se irritar e avançar de baioneta em riste contra a multidão ao redor. Mais tarde, quando tinha oito ou nove anos e comecei meus longos passeios de bicicleta por Shanghai, tomava cuidado para não provocar os soldados japoneses. Eles sempre me faziam sinal para passar pelo posto de controle, como sempre faziam com os europeus e americanos. Às vezes inspecionavam nosso Buick, mas só quando era o motorista que estava dirigindo.

Creio que os líderes japoneses perceberam que Shanghai era mais valiosa para eles como vibrante centro comercial e industrial, e ainda não estavam preparados para arriscar um confronto com as potências ocidentais. Minhas lembranças mais antigas datam desse período — quando a vida em Shanghai parecia uma interminável roda-viva de festas, casamentos luxuosos, recepções de gala no clube de natação, sessões de cinema na Embaixada Britânica, militares com suas tatuagens à mostra na pista de corridas, estreias de filmes muito concorridas, tudo isso à vista das baionetas dos soldados japoneses que ficavam de guarda nos postos de controle ao redor do Assentamento.

Assim que acabaram os combates, a Cathedral School para Meninos se mudou dos claustros da Catedral de Shanghai, não longe do parque de diversões Great World, e passou a ocupar parte da Cathedral School para Meninas, na parte oeste do Assentamento Internacional. Agora eu podia ir para a escola de bicicleta, e não precisava mais ser levado de carro pelo motorista, com a babá me vigiando. Passei a ir cada vez mais longe em minhas voltas pela cidade, com a desculpa de visitar os Kendall-Ward ou outros amigos. Eu gostava de percorrer a rua Nanquim, onde ficavam as maiores lojas de departamentos, a Sincere's, e as imensas lojas de alimentos Sun e Sun Sun, sempre desviando dos enormes bondes, com suas sinetas tocando para abrir caminho entre os riquixás e os pedestres.

Para onde quer que eu me virasse, um mundo cruel e horripilante surgia ao meu redor. Shanghai vivia principalmente nas ruas, com mendigos mostrando as feridas, gângsteres e batedores de carteira, moribundos sacudindo suas latinhas, as chinesas elegantes com longos casacos de vison que me aterrorizavam com seus olhares, os ambulantes vendendo deliciosas frituras que eu nunca podia comprar porque nunca levava dinheiro algum, famílias de camponeses famintos, e milhares de escroques e trapaceiros. Uma música estranha, em intervalos de um quarto, saindo como um lamento dos teatros e bares chineses, fogos de artifício estourando em uma festa de casamento, um rádio berrando os discursos do generalíssimo Chiang Kai-shek, interrompidos por comerciais de cerveja japonesa. Eu captava tudo isso ao mesmo tempo, era o ar poluído e excitante que eu respirava. Quando estavam de bom humor, os soldados ingleses, em suas posições protegidas por sacos de areia, me convidavam para entrar em seu escuro mundo interior, onde passavam horas limpando suas armas e equipamentos. Eu gostava desses "Tommies", com seu sotaque estranho que eu nunca ouvira antes. Eles me deixavam limpar seus rifles, usando uma vareta para raspar a ferrugem dos canos, e depois me presenteavam com um distintivo de bronze. Contavam maravilhosas histórias sobre o serviço militar na Índia e na África — para eles, Shanghai era apenas mais um lugar no mapa. Eu explorava cada canto do Assentamento Internacional, e brincava de esconde-esconde com meus colegas de escola, em jogos que abrangiam toda a cidade e podiam durar meses. Hoje, fico surpreso ao ver que nunca aconteceu nada de mau com nenhum de nós. Creio que os milhares de policiais chineses a paisana estavam, na verdade, nos protegendo, impedindo que algum marginalzinho tentasse roubar nossas bicicletas ou arrancar nossos sapatos dos pés.

De fato, o maior perigo que corríamos provavelmente era nos passeios de domingo à tarde que fazíamos com nossos pais e os amigos deles, até locais ao sul e a oeste da cidade que tinham se tornado teatros de guerra. Comboios de Buicks e Chryslers, com os motoristas na direção, avançavam pelas terras assoladas, com as esposas usando suas mais finas roupas de seda. Os campos de batalha deviam lembrar, aos ingleses mais velhos, os da Batalha de Somme, com suas intermináveis redes de trincheiras destruídas pela erosão, casas-fortes caindo aos pedaços e aldeias abandonadas. Quando saíamos do carro, víamos no chão o brilho dourado dos cartuchos vazios, munição de metralhadoras, correias e mochilas. Cavalos mortos jaziam ao longo da estrada com suas enormes caixas torácicas escancaradas a céu aberto, nos canais boiavam soldados chineses mortos, com as pernas balançando enquanto a correnteza os levava por entre os juncos. Era um verdadeiro festival de suvenires militares, mas nunca me permitiam ficar com nada, nem ao menos uma baioneta — muitos turistas europeus foram mortos, e um garoto da escola perdeu uma mão ao segurar uma granada que explodiu. O comboio então prosseguia, levando todos de volta para a segurança do Assentamento Internacional e seus copos de gim no Country Club.

Outra caça ao tesouro que eu esperava ansiosamente acontecia quando visitávamos amigos dos meus pais no interior, a oeste de Shanghai. Eles ofereciam grandes almoços, após os quais as crianças ficavam soltas, enquanto as babás comentavam as novidades e os motoristas lustravam os carros. Eu escapava, passando agachado por um buraco na cerca, atravessava correndo dois arrozais e acabava chegando a um campo de pouso abandonado. Havia apenas um hangar vazio, mas lá no final, perto da cerca, esquecido no meio do mato alto, eu tinha descoberto o esqueleto de um avião de combate chinês. Eu subia na cabine e sentava no assento metálico, cercado pelos controles encardidos. Era uma experiência mágica, mais excitante do que qualquer parque de diversões, não porque eu imaginava os barulhos da batalha, os tiros de metralhadora, o vento soprando com força, mas porque eu estava sozinho com aquele misterioso caça avariado, que oferecia, intacto, o sonho de voar. Fui até lá umas três ou quatro vezes, sempre que havia um almoço, e se algum adulto me via escapando pela cerca, eu dizia que estava procurando uma pipa perdida — o que de certo modo era verdade. Na minha última visita, assim que pisei no campo aéreo fui expulso por soldados japoneses que inspecionavam o hangar. Anos mais tarde, esse pequeno campo de pouso se tornou o aeroporto internacional de Shanghai. Em 1991, quando desci do Airbus que me trouxe de Hong Kong para Shanghai, quase consegui sentir a presença de um garotinho sentado no seu avião de combate, sem se dar conta dos anos que passaram voando.

Minha irmã Margaret (agora Margaret Richardson, até recentemente diretora do Museu Soane) nasceu em 1937, mas a diferença de sete anos entre nós fez com que ela nunca fosse minha amiga de infância. Quando eu tinha dez anos ela ainda era pequenina. Eu vivia ocupado com minhas explorações do Assentamento Internacional, e com minhas prolongadas, porém malsucedidas tentativas de confraternizar com os soldados japoneses de plantão nos postos de controle. Havia um quê de melancolia nos japoneses que ressoava em mim, embora eu mesmo nunca sentisse tristeza. Eu tinha um otimismo natural, que só perdi quando cheguei à Inglaterra. Além disso, devia ser hiperativo, no jargão atual. Estava sempre em atividade, quer brincando intensamente com meus soldadinhos, quer liderando os meninos Kendall-Ward em uma expedição a uma fábrica em ruínas que eu havia descoberto, ou ainda explorando algum canto desconhecido dos subúrbios de Shanghai.

O que havia de mais visível na paisagem plana que se estendia para além da avenida Amherst eram as pequenas colinas funerárias — montinhos com sepulturas incorporadas aos muros de contenção dos arrozais. Como o lençol de água ficava a apenas um metro abaixo da superfície, os camponeses nunca enterravam seus mortos embaixo da terra. (Certa vez passei por uma fase em que me interessei por cavar poços, e furei meia dúzia de poços nos canteiros de flores do nosso jardim, até que o jardineiro protestou.) Esses pequenos cemitérios tinham de dois a três metros de altura — nada mais que uma pirâmide de caixões cobertos de terra, que depois as chuvas fortes desmanchavam e levavam embora. Se não houvesse manutenção constante, os caixões acabavam emergindo à plena luz do dia.

Havia uma dessas colinas mortuárias no canto de um arrozal abandonado a uns trezentos metros da nossa casa. Um dia, voltando da escola, fiz um pequeno desvio até lá; escalei até o alto da pirâmide toda apodrecida e espiei dentro de um dos caixões sem tampa. O esqueleto de um camponês esquecido jazia sobre algo que parecia um colchão de seda escura — era a terra ao seu redor, continuamente lavada pelas chuvas. Anos mais tarde, quando era estudante de medicina em Cambridge, eu guardava meu esqueleto para os estudos de anatomia embaixo da cama, dentro de uma caixa semelhante a um caixão de pinho. Disseram-me que a pequena estatura do esqueleto não significava que fora de uma criança — a maioria dos esqueletos do departamento de anatomia era de camponeses do sudeste asiático.

Apesar dos meus heroicos passeios de bicicleta, meu isolamento da vida chinesa era quase completo. Morei em Shanghai por quinze anos e não aprendi uma só palavra em chinês. Embora meu pai tivesse um grande contingente de funcionários chineses, e em certo momento tenha até feito aulas de chinês, nunca proferiu nem uma sílaba em chinês a nenhum dos nossos criados. Jamais comi comida chinesa, nem em casa nem nas muitas idas a hotéis e restaurantes com meus pais e seus amigos. Comíamos rosbife e cordeiro assado, waffles americanos com melado de *maple*, sorvetes e *sundaes*. A primeira vez que comi comida chinesa foi na Inglaterra, depois da guerra. Hoje em dia, os ingleses e europeus que emigram para o terceiro mundo foram educados pela televisão para se interessarem pela história e pela cultura do local — a cozinha, a arquitetura, o folclore, os costumes. Não era esse o caso na Shanghai dos anos 1930, em parte porque havia tão pouco daquela história e cultura disponíveis na cidade, e também devido à atitude dos chineses, sempre reservados, evitando a aproximação.

E talvez porque, afinal de contas, havia pouca coisa escondida em Shanghai. Mesmo para um garoto de dez anos que nunca conhecera nada diferente, a extrema pobreza dos chineses, as mortes e doenças e os órfãos abandonados para morrer de fome na soleira das portas eram coisas que me perturbavam, assim como devem ter perturbado meus pais. Creio que os dois se afastaram emocionalmente das coisas que viam nas ruas de Shanghai. Havia muitas instituições de caridade organizadas por estrangeiros, que meus pais apoiavam ativamente, mas eles deviam saber que nem os ocidentais mais cheios de compaixão poderiam fazer muito por aqueles milhões de miseráveis. Minha mãe ia de carro com motorista a todo lugar, e deve ter visto menos pobreza que o filho, ciclista incansável. Também havia inúmeros refugiados europeus empobrecidos — russos brancos, alemães e judeus da Europa do Leste fugindo da ameaça nazista; ingleses expatriados, abandonados pela sorte; refugiados políticos de todas as partes do mundo, que não precisavam de visto para entrar em Shanghai. Enquanto os milhares de bares e boates brindavam aos anos vindouros, que seriam ainda melhores, e os casais de dançarinos continuavam a dançar, eu andava de bicicleta para cima e para baixo na avenida Foch e na rua Bubbling Well, sempre à procura de alguma novidade, e raramente voltava decepcionado.

Em Shanghai, o aspecto fantástico da vida, que para a maioria das pessoas fica dentro da própria cabeça, me cercava por todos os lados, e hoje penso que quando menino meu maior esforço era encontrar o real no meio de todo esse faz de conta. De certa forma, continuei fazendo isso quando vim para a Inglaterra depois da guerra, um mundo que era quase real demais. Como escritor, tenho tratado a Inglaterra como se fosse uma estranha ficção, e minha tarefa tem sido buscar a verdade que existe ali, tal como fazia quando criança ao ver uma guarda de honra formada por corcundas, ou um templo sem portas.

Enquanto isso, havia uma quantidade de coisas boas pela frente: festas infantis com mágicos e acrobatas; a gincana da escola de equitação onde eu fingia guiar meu dócil cavalinho pelo circuito em oito — era tudo que o animal se lembrava; a estreia de *O mágico de Oz*, com a presença da escola toda no cinema; sorvetes aos sábados na Chocolate Shop, uma feliz confusão de criancinhas, amas e babás exaustas; uma apresentação dos Hell Drivers americanos na pista de corridas, atravessando com seus carros uma parede de pneus em chamas; um passeio ao teatro chinês na Cidade Velha, um pesadelo de gongos estourando os tímpanos e máscaras de expressão zangada; uma visita ao estádio de *jai alai*, com os ferozes apostadores chineses e os jogadores filipinos com suas enormes raquetes em forma de concha, que pareciam lançar a bola com a velocidade de uma bala de espingarda (é o jogo de bola mais rápido do mundo, disse meu pai, o que me impressionou muito, como me impressionava tudo que fosse o mais rápido, o maior, o mais alto, o mais profundo); as perseguições de bicicleta aos caminhões com os sempre simpáticos fuzileiros navais americanos — certa vez eles foram me incentivando até que meu pneu dianteiro entalou no trilho do bonde e eu voei de cabeça no meio dos chineses que faziam compras diante da Sincere's; os passeios periódicos para ver o *Idzumo* ancorado no Bund. Contudo, apesar de tantas coisas empolgantes, eu ainda pensava, pelo menos por alguns momentos, nos meninos mendigos que ficavam no depósito de cinzas perto das indústrias químicas na avenida Joffre, catando, nos dias mais gelados, até os mais minúsculos pedaços de carvão. Era o abismo entre a minha vida e a vida deles que me incomodava, um abismo que eu não via nenhuma forma de transpor.

Aquele abismo, e a própria Shanghai, iria acabar mais cedo do que eu poderia imaginar.

3. A guerra na Europa (1939)

Em setembro de 1939 começou a guerra na Europa, e logo alcançou o outro lado do mundo — Shanghai. Nossas vidas, aparentemente, continuavam como antes, mas logo surgiram lugares vazios na minha sala de aula, quando as famílias começaram a vender tudo e mudar para Hong Kong e Cingapura. Meu pai passava muito tempo escutando o rádio de ondas curtas que transmitia programas da Inglaterra, com novidades sobre o naufrágio do HMS *Hood* e a caça ao *Bismark*, e mais tarde sobre Dunquerque e a Batalha da Inglaterra. As aulas eram interrompidas com frequência para que todos pudessem ir ao cinema assistir aos cinejornais ingleses — espetáculos emocionantes que mostravam navios de guerra perfilados, e Spitfires derrubando Heinkels em batalhas aéreas nos céus de Londres. Havia campanhas de arrecadação de fundos no Country Club, e me lembro de anunciarem, com grande orgulho, que os moradores ingleses de Shanghai haviam financiado seu primeiro Spitfire. Havia uma constante atividade patriótica por todos os lados. Os alemães e os italianos, em suas próprias comunidades, também montaram suas próprias campanhas de propaganda, e a suástica tremulava nos mastros da escola e da estação de rádio alemã, que transmitia uma torrente contínua de programas pró-nazistas.

Os cinejornais logo se tornaram a arma dominante nessa guerra de informações. Eram projetados à noite nas paredes laterais dos edifícios, assistidos por multidões de pedestres. Creio que eu via a guerra da Europa como uma guerra de cinejornal, que só acontecia no quadrado prateado lá em cima, com suas convenções visuais ditadas pelos recursos e limites dos cinegrafistas da guerra, como eu diria hoje, embora até meus olhos de dez anos de idade percebessem a diferença entre os cinejornais autênticos e os que filmavam manobras de treinamento. O real, fosse de guerra ou de paz, era algo que se via nos cinejornais, e eu queria ver Shanghai inteira nos filmes.

Os adultos ingleses começavam agora a falar em "lá em casa" — uma visão cor-de-rosa da Inglaterra que parecia consistir do West End de Londres, com a avenida Shaftesbury, o Trocadero, os brilhos e lampejos das estreias e os bailes que iam até o amanhecer — tudo isso sobre um pano de fundo campestre, com jardins bem cuidados e chalés com teto de palha, como nos livros de Beverly Nichols. Será que meus pais e seus amigos estavam realmente convencidos de tudo isso, ou apenas tentavam manter o moral alto? Eles jogavam críquete no Country Club, depois de muitas doses de gim, e assinavam a *Punch*, mas tinham carros americanos e punham seus vermutes para gelar em geladeiras americanas. Quando falavam em se aposentar, não era em Cotswolds, mas sim na África do Sul, com sua abundante mão de obra barata para servir de criadagem. Creio que, mesmo não querendo, já tinham sido internacionalizados por Shanghai, e a imagem que faziam da Inglaterra — como na peça *Cavalcade*, de Noël Coward — era apenas uma lembrança folclórica repleta de nostalgia. (Quando chegamos à Inglaterra, em 1946, alguns de nós foram considerados americanos, e não por causa do sotaque.)

Talvez isso explique por que muitos residentes britânicos permaneceram em Shanghai, embora fosse claro que a guerra contra o Japão era iminente. Havia também a firme crença, bastante racista, de que embora os japoneses tivessem derrotado o exército chinês facilmente não eram páreo para a Real Marinha Britânica e a Real Força Aérea Britânica. Os pilotos japoneses só dispunham de aviões inferiores, e era bem sabido que enxergavam mal, de acordo com a sabedoria dos coquetéis. Mas a visão estreita era dos britânicos, que viviam numa estranha autoilusão, uma vez que meus pais e seus amigos já tinham visto, em primeira mão, a coragem implacável dos soldados japoneses e a habilidade dos seus pilotos, desde 1937.

A vida em Shanghai instilava, de várias maneiras, uma espécie de otimismo inconsciente nos moradores europeus. Vivendo em um grande centro do capitalismo empresarial ilimitado, todos acreditavam que ali tudo era possível. Em último caso, o dinheiro compraria qualquer ameaça de perigo. A vasta metrópole onde nasci tinha surgido em pouco mais de trinta anos, construída sobre um baixio pantanoso (escolhido pelos governantes Manchu como sinal do seu desprezo), e atraía visitantes curiosos de todas as partes do mundo, desde George Bernard Shaw até W. H. Auden e Christopher Isherwood.

Havia também um clima agradável de tolerância pela bebida — um consumo elevadíssimo de álcool que agora parece inacreditável. Quando mencionei a minha mãe o "almoço com dois martinis", na época em que escrevi *O império do Sol*, ela me corrigiu: "Cinco martinis...". Quando menino, eu achava natural que fossem servidos drinques a qualquer hora. Nossa adega parecia uma loja de bebidas de bom tamanho, com prateleiras repletas de garrafas de gim e de uísque. Muitos conhecidos dos meus pais passavam o dia inteiro ligeiramente bêbados, e lembro do dentista da família cujo hálito sempre tinha cheiro de algo mais forte do que antisséptico bucal. Mas isso era comum no Extremo Oriente, em parte uma convenção social, o hábito de servir vinho às refeições ampliado para toda e qualquer atividade humana, e em parte uma reação à vida em uma cidade onde não havia nenhum museu ou galeria de arte, e onde as casas do bairro eram trinta anos mais novas do que os moradores. Mais tarde perguntei a minha mãe a respeito de drogas, e ela me garantiu que ninguém do seu círculo as usava, embora tivesse conhecido alguns viciados em morfina. Mas o bridge, o álcool e o adultério são o cimento soberano que mantém a coesão nas sociedades, e uma quantidade excessiva de drogas sedativas teria tirado de circulação grande parte da população de Shanghai. Nos anos 1960, na Inglaterra, meus pais bebiam moderadamente — um uísque com soda antes do jantar e uma única taça de vinho, numa época em que eu consumia meia garrafa de uísque escocês todo dia. Minha mãe raramente adoecia, e viveu até os 93 anos de idade.

Meus primeiros escritos de infância começaram no fim dos anos 1930, talvez como resposta à tensão cada vez maior que eu percebia entre os adultos ao meu redor. A eclosão da guerra na Europa e, mais tarde, a queda da França deixaram meus pais preocupados, pensativos, menos interessados no que eu fazia. Minha irmã, com três anos, me irritava imensamente, e eu tentava planejar meu dia de modo a não precisar nem sequer pôr os olhos nela. O café da manhã era sempre um problema, com a escola ditando a que horas eu precisava sentar à mesa para comer minha manga e meu ovo mexido, tendo que aguentar as baboseiras de minha irmã do outro lado da mesa. Com minha lógica de criança, aproveitei a oficina de carpintaria do sr. Kendall-Ward para construir uma grande divisória de compensado, que montei no meio da mesa de jantar. Ali fiz um orifício pelo qual podia vigiar ferozmente minha irmã, espantadíssima, com uma tampinha móvel que eu fechava depressa quando ela percebia o meu olho espiando fixamente. O espantoso é que meus pais levavam tudo isso na brincadeira; mas deram o basta quando fui me sentar com eles e seus amigos para almoçar e cheguei puxando minha enorme divisória, pedindo ao Criado nº 2 que a colocasse na mesa.

Mas era bem claro que eu precisava ficar sozinho. Sempre gostei de contar histórias, e apreciava os trabalhos escolares quando tinham tema livre e eu podia descrever alguma ocasião importante, real ou imaginária. Na Cathedral School o castigo mais comum pelas pequenas infrações eram as "linhas", ou seja, copiar certo número de páginas de algum livro edificante que estivéssemos estudando. Assim, tínhamos "Maxted, cinco páginas; Ballard, oito páginas", um acréscimo considerável ao dever de casa normal. Em geral o texto era de um algum escritor vitoriano da biblioteca da escola — G. A. Henty, Dickens (lemos *Um conto de duas cidades*, que detestei por sua profunda melancolia), ou Charles Kingsley. Uma noite, em casa, quando eu transcrevia laboriosamente parágrafos intermináveis de *Westward Ho!*, de Kingsley, sobre os espanhóis no Caribe, me ocorreu que eu poderia avançar muito mais depressa se eu mesmo inventasse a trama e o texto. Escrevi então uma história de piratas e espadachins destemidos. Como todos os meninos, eu tinha certeza de que os professores nunca liam nossas "linhas", e entreguei minhas páginas com o castigo; mas no dia seguinte o reverendo Matthews apontou firmemente para mim, diante da classe inteira, na aula sobre as escrituras, e disse, com o dedo em riste: "Da próxima vez, Ballard, não copie suas linhas de algum romance ordinário...". Essa foi a primeira crítica literária que recebi — de certo modo, um reconhecimento, e estimulou novas tentativas, que muito me divertiam. Talvez isso tenha colocado minha ficção no seu rumo subversivo.

Jogava-se bridge, pelo que me lembro, continuamente no número 31 da avenida Amherst, com dois quartetos de amigas da minha mãe. Eu me sentava na escada, prestando atenção quando elas davam os lances: "Um de ouros, dois de copas, três sem trunfo, dobra..." — totalmente perplexo com a aparente falta de lógica dessas sequências. Por fim, lá pelos dez anos de idade, pedi insistentemente a minha mãe que me explicasse as regras, e inclusive algumas outras convenções, que eram um código dentro do código. Fiquei tão feliz por compreender, finalmente, o mistério do bridge que decidi escrever um "livro" explicando o jogo para todos que estivessem tão perplexos quanto eu. Enchi quase a metade de um caderno, incluindo diagramas com os esquemas oficiais, e lembro claramente que havia até uma seção sobre "lances psíquicos", que não têm nada a ver com percepção extrassensorial, mas é um tipo de blefe. Não jogo bridge há cinquenta anos, mas aquele pequeno texto explicativo bem pode ter me despertado o gosto, como escritor, de decodificar mistérios.

As férias de verão em Tsingtao são passado, mas ainda tenho vívidas lembranças de uma linda praia, quase em estilo Riviera. Tsingtao fora uma base naval alemã no início da Primeira Guerra, e numa pequena enseada próxima ao nosso hotel jaziam os cascos apodrecidos de dois submarinos alemães com a proa enfiada na areia, como dois dinossauros enferrujados. Os alemães tinham construído uma vasta rede de fortificações nos rochedos, que eram atrações turísticas populares. Estive ali certa vez com minha mãe. Entramos com um grupo de turistas e fomos guiados ao longo de galerias escuras, que pareciam catedrais. Elevadores imensos levantavam pesados canhões até as plataformas de tiro, e podíamos ver as galerias superiores dando acesso a outras galerias e postos de observação, que mais tarde me fizeram lembrar as *Prisões* de

Piranesi. A marinha britânica bombardeou os fortes antes da captura de Tsingtao, e os guias chineses mostravam, com orgulho, marcas de mãos sangrentas na parede — segundo eles, as mãos dos atiradores alemães levados à loucura pelo bombardeio britânico.

Minhas memórias de Tsingtao são extremamente agradáveis, mas minha mãe sempre me contava que, quando eu era bebê (no verão de 1931 ou 1932), a babá que empurrava meu carrinho tropeçou em um gramado íngreme acima dos rochedos e perdeu o controle. O carrinho desembestou morro abaixo até a beira do despenhadeiro, onde um turista britânico que passava ali por acaso correu e o segurou, antes que ele despencasse no abismo. Acredito que ele deva ter contado o incidente à minha mãe, no hotel, embora ela nunca tenha me explicado por que uma senhora chinesa de meia-idade, mal se equilibrando em seus pezinhos enfaixados, tenha ficado responsável por empurrar um grande carrinho de bebê bem à beira de um precipício. Hitchcock teria se deleitado com a cena, mas creio que há uma explicação mais simples. Os pais dos anos 1930 agiam de uma forma que hoje parece distante demais em relação aos filhos, cujo bem-estar era confiado, se tivessem condições de pagar, aos empregados, qualquer que fossem os riscos. Meus pais nasceram na primeira década do século xx, muito antes dos antibióticos e da preocupação da saúde pública com ar puro, água limpa e alimentos enriquecidos com vitaminas. A infância, para as famílias de qualquer faixa de renda, era uma aposta contra a doença e a morte precoce. Tudo isso desvalorizava a experiência da infância e enfatizava a importância de ser adulto, por si só uma façanha. As crianças eram apêndices dos pais, situadas em algum lugar entre a criadagem e um cachorrinho labrador obediente, e nunca eram vistas como uma medida significativa da saúde da família, nem como o centro da vida familiar. Minha mãe afirmou que nunca soube dos meus perigosos passeios de bicicleta por Shanghai, mas muitas amigas suas me reconheciam e acenavam para mim de seus carros. Talvez elas também achassem que aquilo nem merecia ser comentado. E talvez minha mãe estivesse me elogiando ao descrever como eu consegui sobreviver à beira do penhasco.

4. Meus pais

JAMES BALLARD (1902-67)

Meu pai, James Ballard, nasceu em 1902 e foi criado em Blackburn, Lancashire. Nunca conheci seus pais, que morreram nos anos 1930. Meu pai raramente falava da infância, e creio que na época da Segunda Guerra Mundial ele já havia se distanciado do seu passado em Blackburn, vendo-o como parte de uma Inglaterra esgotada, que ele ficou feliz em deixar, em 1929. Tornou-se um homem de negócios muito viajado, eterno admirador da visão científica do mundo e entusiasmado por tudo que fosse americano.

Mas continuou sendo um homem de Lancashire até o final, amante de dobradinha com cebola, de Blackpool e dos comediantes de Lancashire. Edna, minha mãe, dizia que minha avó paterna era muito afetuosa e maternal, e deve ter dado ao filho a confiança necessária para deixar a Inglaterra e ver o mundo. Minha impressão é que sua vida familiar fora próspera e feliz, mas certa vez ele me disse que teve discussões tremendas com o pai quando deixou a Grammar School de Blackburn e decidiu estudar ciências, em

Meu pai, James Ballard, em Shanghai, 1946

vez de entrar na empresa de tecidos da família. Acreditava no poder da ciência para criar um mundo melhor e tinha orgulho do seu diploma com grau de honra pela Universidade de Londres. Estava sempre otimista e confiante, era um grande pé de valsa e até ganhou um prêmio em um concurso de dança de salão realizado em Blackpool.

Suas lembranças de Lancashire, antes e depois da Primeira Guerra, eram em geral deprimentes, tenebrosas, e ele balançava a cabeça, consternado, ao descrever cenas de extrema pobreza. Quando saía da escola comendo uma maçã, era perseguido por meninos operários implorando pelos restos. Era um ótimo jogador de bilhar e de bridge, interessado em vinhos e comida europeia. Em Shanghai era praticamente a única pessoa que eu conhecia que se interessava pela história e os costumes da China. Disse-me que uma vez cantou um solo na catedral de Manchester. Tenho a impressão de que foi uma pessoa sociável e popular em Blackburn, e depois em Shanghai — algo que, como homem introvertido, conseguiu por sua força de vontade.

Em meados dos anos 1920, foi trabalhar na Calico Printers Association, ou CPA, associação têxtil que era, na época, uma grande entidade no mundo da estamparia de algodão. Meu pai se formou em química, ciência que revolucionou a estamparia e o acabamento dos tecidos, e muitas vezes me falava com entusiasmo sobre o brilhante trabalho dos químicos alemães na indústria de corantes. Por volta dos anos 1920, a CPA percebeu que o algodão de Lancashire não podia mais competir no mercado mundial com os tecidos produzidos em outros lugares, em especial com as tecelagens japonesas em Shanghai, que dominavam o imenso mercado chinês. A CPA então decidiu montar uma subsidiária na cidade e, em 1929, enviou meu pai para dirigir a empresa, a China Printing and Finishing Company.

Depois da guerra ele permaneceu em Shanghai, e ali estava em 1949, quando a cidade foi tomada pelos comunistas chineses chefiados por Mao Tse-tung. Continuou, sob supervisão chinesa, administrando a China Printing, mas quando a matriz da CPA em Manchester se recusou a continuar enviando fundos, meu pai foi levado à justiça pelos chineses. Ele me contou que foi capaz de citar numerosas passagens de Marx e Engels em sua defesa, e impressionou tanto os juízes, que eram camponeses comunistas, que estes retiraram as acusações. Em 1950, após uma longa viagem pela China, chegou a Cantão e seguiu para Hong Kong.

Ao voltar à Inglaterra, saiu da CPA e tornou-se consultor especializado em química têxtil. Mais tarde retirou-se com minha mãe para New Forest, e morreu de câncer em 1967.

EDNA BALLARD (1905-99)

Minha mãe nasceu em 1905 em West Bromwich, próximo a Birmingham, e morreu aos 93 anos em Claygate, Surrey, em 1999. Seus pais, Archibald e Sarah Johnstone, passaram a vida toda como professores de música. Durante o ano em que vivi com eles, depois que minha mãe e minha irmã voltaram para Shanghai, em 1947, os dois pianos tocavam o dia inteiro, com o entra e sai dos alunos. Quando vi meus avós pela primeira vez, no início de 1946, ao desembarcar em Southhampton, ambos tinham quase 70 anos e pareciam relíquias vivas do mundo vitoriano. Com mentalidade rígida e intolerante, eles jamais relaxavam; odiavam o governo Trabalhista do pós-guerra, não tinham nenhum interesse por mim nem pela minha irmã e, aliás, pouco se interessavam pela minha mãe e suas experiências de guerra em um campo de prisioneiros japonês. Para eles a vida era intensamente restrita. Moravam em um casarão de três andares com os aposentos sempre escuros, entulhados de móveis pesados e desconfortáveis, com vitrais nas portas internas. O racionamento de comida era obrigatório, mas tudo parecia estar racionado — o ar que respirávamos, a esperança de um mundo melhor e os breves vislumbres do sol. Mesmo criança, eu já ficava pensando como seria possível que minha mãe e minha tia, duas mulheres decididas e cheias de vida, tinham conseguido desabrochar como adolescentes.

Contudo, anos depois minha mãe me contou que o pai dela tinha sido meio rebelde na juventude, e antes de casar escandalizou a família quando desistiu da educação formal e montou uma banda, que tocava em bailes e casamentos. Eu o conheci na pior época, quando a Inglaterra estava esgotada pela guerra. Houve pesados bombardeios na área de Birmingham, e desconfio que eles achavam que, em comparação, os anos que minha mãe passara no campo de Lunghua foram um verdadeiro piquenique. A guer-

Minha mãe, Edna Ballard, em Shanghai, 1936

ra os tornou mesquinhos, assim como muitos ingleses. Creio que não confiaram em mim desde o momento em que me viram. Quando minha avó, uma mulher pequena e nada generosa, me mostrou pela primeira vez o único banheiro daquela casa imensa e lúgubre, prejudiquei minha imagem para sempre com a pergunta: "Então é esse o meu banheiro?".

Depois que ela morreu meu avô passou por uma notável transformação, que pareceu ter começado já na volta do enterro. Sem mais delongas, vendeu a casa com toda a mobília e partiu com duas malas para o litoral sul da Inglaterra, onde morou em vários hotéis, totalmente autossuficiente, mudando-se para outro quando não gostava do cardápio ou das instalações. Estava morando em um hotel em Bournemouth quando morreu, aos 97 anos. Nos últimos anos de vida começou a desmaiar em lojas e supermercados. Uma gerente, acreditando que ele tivesse morrido, ligou para minha mãe para dar a triste notícia e ficou em choque até a raiz dos cabelos quando meu avô, já com o coração repousado, de repente ergueu a cabeça e falou com ela.

Minha mãe quase nunca falava da vida em West Bromwich, nem da grande família da qual os Johnstone faziam parte. Nunca me deu a menor indicação de ter sido feliz ou infeliz. A única coisa que me contou sobre os seus dias de escola é que Madeleine Carrol, futura atriz de cinema, estava na sua classe West Bromwich Grammar School for Girls. Minha mãe foi professora, por pouco tempo, em uma escola primária em West Bromwich, e ficou horrorizada com a pobreza extrema de muitas crianças.

Meu pai e minha mãe se conheceram em um hotel na Região dos Lagos, no norte da Inglaterra, uma das estações de água muito populares entre os jovens na época. Após o casamento, no final dos anos 1920, quando meu pai foi trabalhar para a Calico Printers Association, moraram por algum tempo em uma casa alugada na área de Manchester, e em 1929 partiram para Shanghai.

Meus pais nunca falaram sobre suas razões para deixar a Inglaterra, e nunca me ocorreu perguntar. Quer soubessem ou não o que teriam de enfrentar, o fato é que estavam assumindo riscos imensos, especialmente em relação à saúde, em um país longínquo, assolado pela miséria, muito antes da era dos antibióticos. Em Shanghai grassava o cólera, a varíola e a febre tifoide. A água encanada não oferecia segurança para se beber — a água que bebíamos em casa era fervida e guardada na geladeira em velhas garrafas de gim —, mas toda a louça era lavada diretamente com água da torneira. Tanto eu como minha irmã pegamos disenteria amebiana e ficamos muito doentes. Shanghai era uma cidade grande e violenta, com gangues criminosas e facções políticas assassinas. Minha mãe era uma mulher recém-casada de 25 anos que nunca havia saído da Inglaterra, exceto para a viagem de lua de mel em Paris. Shanghai ficava a cinco semanas de viagem em um navio a vapor da empresa de navegação P&O. Não havia conexão aérea, e o único contato direto com a Inglaterra era por telegrama. Imagino que meu pai, sempre decidido e otimista, tenha convencido minha mãe de que a Inglaterra levaria anos para sair da recessão, e que havia possibilidades muito mais interessantes à espera deles no outro lado do mundo.

5. O ataque a Pearl Harbor (1941)

O ataque aéreo japonês a Pearl Harbor, base naval americana próxima a Honolulu, ocorreu na manhã de domingo, 7 de dezembro de 1941, e levou o Japão e os Estados Unidos a um confronto que se tornou, a partir de então, uma guerra mundial. Em Shanghai, do outro lado da Linha Internacional da Data, já era segunda--feira, 8 de dezembro, e eu estava deitado na cama lendo a minha Bíblia. Não por razões religiosas — meus pais eram firmemente agnósticos. Mas escrituras eram minha matéria mais forte, talvez porque eu sentisse o impacto das poderosas histórias do Velho Testamento ensinadas na aula. De qualquer forma, ainda me lembro do tom de deboche do Reverendo Matthews ao anunciar o vencedor de um concurso bíblico. "O vencedor, e o maior pagão da turma, é o Ballard." Uma bela frase para um mestre-escola, claro, mas me deixou muito orgulhoso. Lembro que eu sempre dizia a todos que não só era ateu, mas também ia entrar para o Partido Comunista. Eu admirava qualquer um que conseguisse abalar as pessoas, e os organizadores sindicais comunistas tinham, com certeza, abalado meu pai.

Estava me preparando para as provas de fim de semestre, e o exame de escrituras seria naquele dia. Escutei então um barulho que parecia ser de tanques e veículos militares passando pela avenida Amherst, quando meu pai irrompeu no quarto. Olhou em volta com os olhos arregalados em desvario, como se nunca tivesse visto meu quarto antes. Mandou que eu me vestisse e anunciou que o Japão tinha declarado guerra. Protestei: "Mas eu tenho que ir à escola. Os exames começam hoje". Ele então disse as palavras mais maravilhosas que uma criança poderia ouvir: "Acabou-se a escola. Não vai mais haver aulas, nem exames".

Encarei tudo aquilo com tranquilidade, mas meu pai estava muito agitado. Corria pela casa gritando com os empregados e com minha mãe. Creio que ouvira no rádio que as forças japonesas estavam entrando no Assentamento Internacional. Elas logo assumiram o controle, e suas embarcações no rio Huangpu afundaram o canhoneiro inglês HMS *Petrel,* cuja tripulação lutou bravamente. Mais tarde, oficiais japoneses visitaram os sobreviventes feridos no hospital, e em respeito à sua coragem cumprimentaram-nos com uma reverência, na melhor tradição do *bushido*. Um navio de guerra americano, o USS *Wake,* foi capturado sem nenhum tiro — quase toda a tripulação estava em terra, dormindo com as namoradas nos hotéis do centro de Shanghai.

A Concessão Francesa já estava sob o controle do governo de Vichy, e o exército japonês ocupou todos os locais estratégicos dentro do Assentamento. Naquele dia a Kempeitai (a Gestapo japonesa) deteve centenas de civis ingleses e americanos, que foram os primeiros cidadãos Aliados a serem presos. Por sorte meu pai não estava entre eles, e nós continuamos morando na nossa casa até março de 1943. Os que foram presos logo após o ataque a Pearl Harbor foram tratados com brutalidade, mas em Shanghai, felizmente, havia muitos cidadãos suíços e suecos, e sua presença pode ter refreado os japoneses, embora tenha havido muitos assassinatos e detenções violentas.

A partir desse ponto, a velha Shanghai deixou de existir. Não havia mais festas ou estreias de filmes, nem passeios às lojas de departamentos ou à piscina. O Country Club se transformou em um clube para oficiais japoneses — minha mãe me contou, indignada, que eles haviam transformado as quadras de squash em estábulo para seus cavalos. O exército japonês passou a impor sua presença de forma agressiva em todo o Assentamento, e eram comuns execuções de chineses nas ruas. Todos os carros estrangeiros foram confiscados, e meu pai comprou uma bicicleta para ir ao escritório, um trajeto de oito quilômetros.

A China Printing and Finishing Company continuava funcionando, como uma fonte de renda útil para os japoneses. Havia dois supervisores japoneses na fábrica — um deles era arquiteto — e creio que meu pai tinha um relacionamento razoável com eles, embora tenha sido forçado a demitir funcionários. Certa vez, quando o acompanhei até o escritório, fomos dar um passeio pelo claustro da catedral ali perto. No fim, um russo branco de meia-idade se aproximou e meu pai lhe deu uns trocados. Ele agradeceu profusamente e escapuliu. Com as empresas e fábricas fechando, deve ter sido muito difícil encontrar emprego. O russo me pareceu de uma pobreza extrema, e meu pai me disse que a camisa e o colarinho que se via embaixo da gravata eram apenas um pedaço de pano feito de retalhos, que ele lavava no rio todos os dias.

A vida social da comunidade britânica chegou ao fim, assim como os jogos de tênis e bridge de minha mãe. Com exceção do motorista, que foi recontratado depois da guerra, continuamos com o mesmo número de empregados, inclusive mais uma babá russa, a última da série, e todos ficaram conosco até poucos dias antes de sermos internados.*

---

* Mantivemos a escolha vocabular do autor, traduzindo "internees" e "internment camp" como "internos" e "campo de internamento". (N. T.)

Meus pais passavam horas escutando o rádio de ondas curtas, transmitindo da Inglaterra e da América. A queda de Cingapura e o naufrágio de dois navios de guerra britânicos, o *Repulse* e o *Prince of Wales,* nos deixaram arrasados. A partir desse momento o prestígio britânico despencou. A rendição de Cingapura, a conquista das Filipinas e as ameaças à Índia e à Austrália soavam como um dobre de finados, marcando o fim do poderio ocidental no Extremo Oriente, e o fim de um estilo de vida. A Inglaterra levaria anos para se recuperar de Dunquerque, e o exército alemão já avançava pela Rússia adentro. Apesar da minha admiração pelos soldados e pilotos japoneses, eu era intensamente patriota, mas percebi perfeitamente que o Império Britânico havia caído. Passei a ver os livros de A. A. Milne e o almanaque *Chums* para garotos com um olhar muito mais cético.

Mas recordo que, em algum momento de 1942, meu pai prendeu um grande mapa da Rússia na parede, acima do rádio, e começou a marcar os movimentos das linhas de frente russas e alemãs. Em muitas regiões os alemães estavam em retirada, apesar de a frente russa avançar com uma lentidão agonizante, aldeia por aldeia. Mesmo assim, meu pai começou a recuperar um pouco de confiança.

Eu sempre perguntava quanto tempo a guerra iria durar, e ele tinha certeza de que continuaria por vários anos. Nisso ele discordava de muitos ingleses de Shanghai, que ainda acreditavam que as forças britânicas derrotadas no Oriente se recuperariam e logo derrotariam os japoneses. Até eu, aos onze ou doze anos de idade, sabia que essa era uma ilusão perigosa. Eu já vira soldados japoneses bem de perto e sabia que eles eram mais duros, mais disciplinados e muito mais bem comandados que os soldados ingleses e americanos de Shanghai, que pareciam entediados e só se interessavam em voltar para casa. Mas muitos pais dos garotos da minha classe continuavam acreditando que a guerra terminaria em poucos meses.

Minha grande decepção foi a reabertura da Cathedral School, cerca de um mês depois de Pearl Harbor. Eu ia para a escola de bicicleta, mas agora sempre voltava direto para casa, embora às vezes tivesse que esperar horas para passar pelo posto de controle no final da avenida Joffre. O centro da cidade era agora muito perigoso, com veículos militares japoneses ziguezagueando pelas ruas, derrubando os riquixás e os ciclistas à frente, e as tropas do exército-fantoche chinês, a mando dos japoneses, atormentando qualquer europeu que vissem pela frente.

Apesar desses riscos, meu pai fazia questão que eu fosse à escola. Certa manhã fomos juntos de bicicleta até o posto de controle da avenida Joffre e descobrimos que tinha sido fechado em uma manobra militar, junto com todos os outros postos de controle do Assentamento Internacional. Sem se dar por vencido, meu pai foi pedalando por entre a multidão, e seguimos pela rua Colúmbia até a casa de uns amigos ingleses. O longo jardim dessa casa terminava em uma cerca de arame farpado erguida em 1937 em torno do Assentamento, agora já muito danificada. Com a ajuda dos amigos ingleses, passamos nossas bicicletas por uma abertura da cerca e entramos no terreno de um cassino e boate abandonados, chamados Del Monte. Temendo que houvesse japoneses no prédio, meu pai me mandou esperar enquanto ele entrava pela porta dos fundos. Depois de alguns minutos não consegui mais me conter e fui andando na ponta dos pés pelos salões de jogos, agora silenciosos, com as mesas de roleta tombadas, o chão juncado de copos quebrados e fichas de aposta. Estátuas douradas sustentavam o balcão do bar, que se estendia ao longo da parede por toda a extensão do cassino. No chão havia candelabros ornamentados, arrancados do teto e caídos entre o entulho de garrafas e jornais velhos. Por todos os lados o ouro rebrilhava à meia-luz, transformando o cassino dilapidado em uma caverna mágica das histórias das *Mil e uma noites*. Mas havia um significado mais profundo para mim — a sensação de que a própria realidade era um cenário que podia ser desmontado a qualquer momento, e que, por mais magnífico que algo parecesse, podia ser varrido a qualquer momento e atirado na lata de lixo do passado.

Também senti que o cassino em ruínas, tal como a cidade e o mundo como um todo, era mais real e mais significativo do que tinha sido quando estava repleto de gente dançando e jogando. Para mim as casas e prédios abandonados tinham uma mágica toda especial, e ao voltar da escola para casa sempre parava um pouco diante de algum edifício vazio. Ver as coisas todas fora do lugar, dispostas ao acaso, foi meu primeiro contato com o surrealismo da vida diária — apesar de Shanghai normalmente já ser bem surrealista.

Meu pai então apareceu por entre as sombras e foi mostrando o caminho até a porta dos fundos. No portão depredado do cassino nós nos separamos e saímos pedalando — ele rumando para o escritório e eu para a Cathedral School, onde me esperava mais um dia de aulas de latim, com tradução de trechos desconhecidos.

Dias ainda mais estranhos vieram no início de 1943, quando começou o internamento em larga escala. Civis britânicos, belgas e holandeses foram levados para meia dúzia de campos de prisioneiros, que agora formavam um anel em torno de Shanghai. O Centro de Reunião de Civis de Lunghua, na zona rural, oito quilômetros ao sul da cidade, ocupava uma antiga escola de treinamento para professores chineses, mas vários campos de internamento menores ficavam nos subúrbios de Shanghai. Conjuntos residenciais com cerca de quarenta ou cinquenta casas (os condomínios fechados de hoje), cercados por um muro e com uma guarita na entrada, eram comuns na Shanghai dos anos 1930, em geral ocupados por apenas uma nacionalidade. Havia também uma comunidade alemã na avenida Amherst — um conjunto de casas severas, lembrando caixotes brancos, onde nunca tentei entrar. Naturalmente, esses conjuntos residenciais bem vigiados eram ideais campos de prisioneiros. As medidas de segurança que antes impediam a aproximação dos intrusos agora serviam perfeitamente para impedir a saída dos antigos moradores. Um desses campos, onde os Kendall-Ward foram internados, dispensava até mesmo a cerca de arame farpado. E o fato é que havia poucas fugas dos campos de prisioneiros. O fugitivo mais famoso foi um marinheiro britânico que simplesmente saiu andando do hospital onde foi internado após o naufrágio do HMS *Petrel* e passou o resto da guerra com sua namorada russa na Concessão Francesa.

Tudo ia se tornando demasiado incerto, mesmo para um garoto de doze anos que adorava novidades. Fui visitar um amigo na avenida Joffre e encontrei a porta do apartamento aberta. A família saíra às pressas, deixando as malas jogadas e as camas por fazer. As cortinas se agitavam nas janelas abertas, como que celebrando sua nova liberdade. Sentei por longo tempo no quarto do meu amigo, olhando seus soldadinhos de chumbo e o aeromodelo com que costumávamos brincar felizes durante tantas horas.

Preocupado comigo mesmo e com o destino dos meus amigos, eu nem fazia ideia da tensão que meus pais suportavam, diante da possibilidade de um internamento. Refletindo agora, do meu ponto de vista atual, em 2007, não compreendo por que eles decidiram permanecer em Shanghai sabendo que a guerra era iminente. Mas a China Printing and Finishing Company era responsabilidade do meu pai, e naquela época o dever tinha valor. Muitas empresas estrangeiras, administradas por suíços e suecos, continuavam funcionando, e talvez meu pai tivesse a esperança de que a demanda por tecidos de algodão fosse tão grande que ele teria licença de continuar trabalhando e competindo com as fábricas japonesas da cidade. Ao mesmo tempo, deve ter lhe parecido inconcebível que os japoneses desferissem um ataque preventivo contra os Estados Unidos, e tentassem até mesmo expandir sua "Esfera de Co-Prosperidade" até a Índia e a Austrália.

Enquanto eu via meu pai espetar alfinetes coloridos no mapa da Rússia, sorrindo de leve ao ouvir o repórter anunciar no rádio, em meio à estática, a captura de uma locomotiva alemã, eu já devia ter percebido que só podia contar com meus pais até certo ponto. Quando dois altos oficiais do Kempeitai vieram à nossa casa e começaram a percorrer os cômodos, caminhando devagar com suas botas lustrosas, meu pai ficou observando sem dizer uma palavra, preocupado apenas comigo e com minha irmã de quatro anos, fazendo sinal para ficarmos em silêncio. Mas os oficiais japoneses não tinham ido prender meu pai, como ele deve ter pensado; estavam inspecionando a casa e o que ela teria para oferecer quando fôssemos internados. Meu pai não tinha resposta para eles, e eu sabia que chegaria o momento em que eu, minha mãe e minha irmã ficaríamos sozinhos. Poucas crianças de classe média em épocas de paz veem seus pais sob uma pressão tão grande, e fui educado para considerar meu pai e seus amigos figuras de confiança e autoridade. Agora tudo estava mudando, e um novo tipo de educação tinha começado. Ver os adultos ingleses assim pressionados substituiu as aulas de latim e as traduções de trechos clássicos.

Ao final de 1942, a guerra no Pacífico começou a virar contra os japoneses. Sua marinha, que pegara os americanos de surpresa em Pearl Harbor, sofreu derrotas catastróficas nas batalhas das Ilhas Midway e do Mar de Coral. A resistência britânica ia se fortalecendo em Burma, e na Europa se iniciava a heroica ofensiva do Comando de Bombardeios da Royal Air Force contra a Alemanha. Eu queria animar meu pai, sabendo que era um homem ponderado e corajoso, mas nada na sua experiência anterior o tinha preparado para os militares japoneses, com seu código de disciplina secular e a exigência de submissão absoluta por parte de qualquer inimigo capturado.

Devido à importância de Shanghai e suas imensas docas, os japoneses decidiram internar os cidadãos ingleses e outros Aliados. O campo de Lunghua ficava em uma conhecida zona de malária (o Ginásio de Shanghai, que hoje ocupa o antigo campo de prisioneiros, continua infestado de mosquitos, e em 1991 o serviço médico da British Airways me aconselhou a deixar a área antes do anoitecer). Meu pai e os outros membros da Associação de Residentes Britânicos se queixaram com veemência junto às autoridades japonesas, mas a construção do campo de Lunghua seguiu em frente.

Em março de 1943 meus pais, minha irmã e eu fomos internados no campo de Lunghua, onde ficamos até o fim de agosto de 1945.

6. O campo de Lunghua (1943)

Nosso ponto de encontro para a viagem a Lunghua era o American Club na rua Colúmbia, a um quilômetro e meio da avenida Amherst. Ao chegar ali encontramos um grupo enorme de gente, a maioria britânicos, e também alguns belgas e holandeses, sentados com suas malas em volta da piscina, muitas mulheres usando seus casacos de peles. Alguns homens não levavam nada além da roupa do corpo, confiantes de que a guerra terminaria em poucos dias. Outros tinham prendido às malas suas raquetes de tênis, bastões de críquete, varas de pescar — correra a notícia que no campo havia várias lagoas grandes e profundas. Alguns estavam bêbados, cientes de que passariam longos meses longe do bar mais próximo. Esperamos juntos em torno da piscina, sentados nas mesas em que os americanos que frequentavam o clube outrora bebericavam seu bourbon e seu uísque com hortelã. Chegaram então os guardas japoneses com alguns ônibus e partimos para o campo — o último grupo de cidadãos Aliados a serem internados.

Prosseguimos durante uma hora pelos campos desertos do interior, passando por aldeias abandonadas e campos de batalhas recentes, lugares que eu conhecera nos passeios de carro com meus pais e seus amigos. Passamos pelo templo de Lunghua, onde soldados japoneses içavam armamentos antiaéreos para os andares superiores. Nas proximidades havia um campo de pouso militar, com fileiras de aviões de combate Zero alinhados em frente aos hangares. Por todos os lados havia canais em ruínas e arrozais abandonados, terras alagadas através das quais o grande braço do rio Huangpu corria para Shanghai e para o mar.

Apareceu então o Campo de Lunghua, o último lar da minha infância, onde eu passaria os próximos dois anos e meio em relativa felicidade. Enquanto nosso ônibus atravessava áreas cercadas de arame farpado novinho em folha, achei que o lugar me lembrava um campus universitário meio dilapidado. Havia prédios de concreto de três andares marcados por buracos de balas e granadas, mas ainda em pé. Outros prédios tinham virado montes de entulho, com o piso de cimento amassado feito uma sanfona, como que depois de um terremoto. Em uma guarita junto ao portão, soldados japoneses, duros como estátuas de pedra, nos encaravam friamente. Havia também prédios menores, com telhados inclinados de telhas vermelhas, e fileiras de barracões de madeira recém-construídos, cada um com seus cinquenta metros de comprimento. Havia roupas penduradas por toda parte em varais improvisados, mas pairava no ar um leve cheiro de esgoto, além de um milhão de mosquitos.

E lá estavam os internos. Descemos do ônibus e fomos recebidos por um grupo de gente amigável que nos ajudou com nossas malas e levou as famílias com crianças pequenas até o Bloco G, um prédio de dois andares com cerca de quarenta quartos pequenos. Nossa roupa de cama fora enviada antes, e organizada por amigos do meu pai. Lembro que meus pais se sentaram em uma das camas, junto com minha irmã, fitando aquele quartinho minúsculo, do tamanho dos quartinhos da criadagem da nossa ca-

O antigo Bloco F do campo de Lunghua, 1991

sa da avenida Amherst — os quais, aliás, também abrigavam famílias inteiras de empregados. Ansioso para cumprimentar colegas de escola que reconheci no grupo em volta do ônibus, deixei meus pais em seus novos domínios e saí para explorar o campo.

Minha primeira impressão foi que os internos pareciam relaxados e despreocupados. Tudo isso haveria de mudar, mas naquele momento as pessoas a minha volta estavam aproveitando um período de férias até agradável, embora periclitante. Na Shanghai que eu conhecera os homens usavam terno e gravata, mas aqui estavam em shorts de algodão e camisas de manga curta. Muitas mulheres mais jovens, inclusive algumas bem formais, mães de colegas meus da escola, usavam trajes de praia. Havia poucos guardas japoneses ao redor, e a administração do campo, de modo geral, ficava a cargo dos próprios internos. No refeitório, onde nos reunimos para a nossa primeira refeição, o clima era de uma prisão não vigiada — crianças gritavam, maridos flertavam com as esposas dos outros, rapazes se enfrentavam com todo tipo de brincadeiras. Mais tarde, ainda meio tonto com as novidades, fui levado por meus colegas de escola para conhecer o campo. Parecia haver bom humor em abundância — ou, pelo menos, uma versão carcerária do bom humor. As estradinhas de terra se chamavam "Oxford Street" e "Piccadilly". As estações de água potável, onde se fervia a água para beber, tinham placas com os nomes "Waterloo" e "Bubbling Well". No telhado de observação do Bloco F, um grupo de amantes de música escutava uma sinfonia clássica em um gramofone de corda. Nos degraus da sala de reuniões a Trupe de Lunghua ensaiava uma cena de *Os piratas de Penzance* — embora eu não conseguisse imaginar o que os jovens soldados japoneses sentados na primeira fila na noite de estreia compreendiam de tudo aquilo.

Resumindo, o campo era um mundo relaxado e tranquilo, tal como eu nunca conhecera, exceto nas nossas férias em Tsingtao, e essa primeira impressão positiva permaneceu comigo até o final, quando as condições no campo deram uma forte guinada para pior. Gostei dos anos que passei em Lunghua, fiz uma quantidade enorme de amigos de todas as idades (muito mais do que faria depois, na vida adulta), e de modo geral me sentia animado e otimista, mesmo quando as rações de alimentos caíram a quase zero, as infecções de pele me cobriram as pernas, a desnutrição me causou prolapso do reto, e muitos adultos já tinham perdido a esperança.

Mas tudo isso ainda estava a dois anos de distância, e na primavera de 1943 fiquei feliz em aproveitar ao máximo o meu novo mundo. Meus pais me deixavam ficar fora o tempo todo, e comecei a explorar o campo em detalhes, passando a conhecer um bando de figuras excêntricas, entediadas, tanto agradáveis como desagradáveis.

Os Blocos E e F, os maiores prédios do antigo colégio de treinamento de professores, continham as salas de aula, agora ocupadas por solteiros e casais sem filhos. As famílias com crianças eram colocadas nos Blocos D e G, nos quartos onde antes moravam os estudantes chineses. Havia o pavilhão dos chuveiros, que nos primeiros meses fornecia água quente, um pequeno "hospital" onde minha irmã foi tratada de disenteria, e vários bangalôs que antes abrigavam o corpo docente da faculdade e agora servia de alojamento dos guardas japoneses.

O campo ocupava uma área considerável, talvez com uns oitocentos metros de diâmetro, e era rodeado por uma cerca de arame farpado por onde eu sempre passava para recuperar uma bola ou uma pipa. Os soldados japoneses patrulhavam esse perímetro sem muito rigor, e uma vez tive que me esconder no mato alto do lado de lá da cerca, quando procurava uma bola de beisebol perdida e as outras crianças me avisaram que os guardas estavam se aproximando. Cerca de um terço do terreno original não pertencia ao campo, e continha vários prédios em ruínas. Com a aprovação do comandante do campo, um ex-diplomata chamado Hyashi que passara algum tempo na embaixada em Londres e falava inglês fluente, um desses prédios abandonados foi transformado em escola. Todos os dias os portões eram abertos para permitir o vai e vem das crianças, e ali entrávamos em um estranho mundo fora do campo.

Havia muitos espaços abertos em Lunghua, terrenos não cultivados juncados de pedras e entulho de guerra, resultado dos violentos combates travados nos prédios do colégio e seus arredores. Durante o ano seguinte, ao ver nossas rações diminuírem, grupos de internos começaram a limpar os terrenos e cultivar modestos canteiros de verduras. Eu ajudava meu pai a erguer baldes de esgoto do tanque séptico do Bloco G, que usávamos para fertilizar nossos tomates, feijões e melões, embora os frutos de todo esse trabalho fossem estranhamente feios e mirrados.

Apesar de todas as áreas abertas em torno dos prédios, incluindo o pátio de reuniões onde se jogava futebol, nos dormitórios apinhados havia uma competição desesperada por espaço. Nos Blocos E e F, as antigas salas de aula ocupadas pelos casais foram divididas em um labirinto de cubículos, separados por lençóis pendurados em cordas e barbantes. Pedaços de papelão, tábuas arrancadas de caixotes de madeira e tudo mais que estivesse à mão ajudavam a manter um mínimo de privacidade. Nos quartinhos das famílias dos Blocos D e G, os pais não tinham proteção contra as crianças que compartilhavam com eles o espaço exíguo, e decerto isso explica por que meus pais me deixavam perambular pelo campo à vontade, horas e horas a fio. Assim o Campo de Lunghua se transformou na minha nova Shanghai, com mil lugares a investigar e saborear, centenas de pequenos serviços a fazer em troca de uma chave de fenda enferrujada ou uma velha revista *Life*.

Todos os homens do campo tinham de cumprir tarefas — trabalhar na cozinha, descarregar os caminhões que chegavam de Shanghai trazendo carvão e alimentos, ferver nossa água, fazer a manutenção na rede elétrica, dar aulas para as crianças, celebrar cerimônias religiosas. As mulheres solteiras ajudavam como podiam, cuidando dos doentes de malária. As mulheres casadas com crianças pequenas eram dispensadas de qualquer tarefa, e minha mãe quase nunca saía do Bloco G e do quartinho que se tornou a nossa casa. Durante o dia meu pai levantava o colchão contra a parede, e no pequeno espaço assim liberado colocávamos uma mesinha de armar onde fazíamos as refeições. Minha mãe ficava a maior parte do tempo no quarto, lendo encostada na janela, sempre de olho na minha irmã que brincava lá fora com as crianças pequenas.

As famílias com um só filho foram obrigadas a acolher alguma das crianças que tinham sido separadas dos pais e estavam sozinhas no campo. No Bloco G, um menino chamado Bobby Henderson foi parar com um casal que se ressentia tanto da sua presença que ele armou um cubículo, como uma cabana de mendigo, em volta da sua caminha de campanha. Ali era o seu mundo particular, que ele defendia com unhas e dentes. Vestia-se com roupas descartadas e guardava os sapatos para os meses de inverno. No verão calçava tamancos de madeira com os saltos totalmente gastos, deixando apenas duas lascas de madeira que acabavam no peito do pé.

Bobby era um amigo chegado, embora eu não gostasse muito dele, percebendo algo de ameaçador na sua cabeça dura e autoconfiante. Sentia que as circunstâncias o obrigaram a lutar ferozmente para sobreviver e isso o tornara implacável — não só com os outros, mas também consigo mesmo. Ele me deixava acompanhá-lo, mas considerava minha interminável curiosidade e minhas incessantes andanças pelo campo uma perda de tempo e de energia. Para ele, meu interesse pelo xadrez, pelo bridge, pela construção de pipas e pelas complexas acrobacias das meninas pulando corda — tudo isso era uma distração frívola e inútil. Seus pais estavam internados em Beijing, mas ele nunca falava deles, o que na época me intrigava; creio que não se lembrava mais de como eles eram. Pensando nisso agora, percebo que uma parte dele já tinha morrido. Espero que ele nunca tenha tido filhos.

De modo geral, porém, o campo parecia repleto de pessoas tranquilas e agradáveis. O que eu mais gostava era que qualquer pessoa, de qualquer idade, podia conversar com qualquer um. Perambulando pelo Bloco E ou pela sala de reuniões, com meu tabuleiro de xadrez debaixo do braço, eu era chamado carinhosamente de "Shanghai Jim" (porque vivia contando a quem quisesse ouvir sobre o estranho templo construído por Hardoon que eu descobrira nos meus passeios de bicicleta). Sentava-me então para jogar xadrez com algum homem da idade do meu pai, que poderia ser um arquiteto, gerente de cinema, barman do Hotel Cathay ou ex-jóquei. Ao final do jogo, que em geral incluía muitos sábios conselhos do adversário para mim acerca do campo, eu podia conseguir emprestado algum velho exemplar do *Saturday Evening Post*, que eu compreendia bem, ou do *Punch*, com seu humor britânico incompreensível, que minha mãe, tão cansada, teria que me explicar.

No primeiro ano houve uma série de atividades no campo — teatro amador, apresentado no refeitório, com peças inteiras de Noël Coward e Shakespeare, alegres revistas de variedades (*"Nós somos as garotas de Lunghua/ As meninas que todos adoram/ O* CAC *não é a minha praia/ Pois toda terça-feira nós caímos na gandaia..."*). Esqueci o que acontecia nas noites de terça-feira, talvez fossem bailes nos quais as crianças não entravam. CAC era o "Civillian Assembly Centre", um título exagerado para nosso conjunto de prédios caindo aos pedaços.

Em geral eu estava na plateia, fascinado com alguma palestra sobre estradas romanas ou projeto de aeronaves. Certa vez meu pai deu uma palestra sobre "A ciência e o conceito de Deus", uma argumentação que descartava, diplomaticamente, o Todo-Poderoso dos assuntos humanos. A palestra atraiu muitos missionários ingleses internados no campo, e até o dia em que deixamos Lunghua, muitas vezes eu era cumprimentado por algum clérigo do interior que vinha me dizer como aquela palestra tinha sido excelente, *tão interessante*, e eu só ficava imaginando se algum deles, ou suas esposas, tão moralistas, haviam realmente captado a ideia.

Como havia muitos profissionais no campo — engenheiros, arquitetos, gerentes de banco, químicos industriais, dentistas, médicos — não faltavam palestras. E também, infelizmente, não faltavam professores na escola que logo foi aberta. Foi organizado um programa completo de acordo com as exigências do Certificado Escolar da época, e tínhamos aulas de matemática, inglês, francês, latim, história e ciências gerais. Na falta de livros, o ensino era baseado no quadro-negro; mas não creio que nenhum de nós tenha ficado para trás em relação aos alunos das escolas inglesas durante a guerra, e em alguns casos estávamos muito à frente. Acho isso difícil de explicar, mas penso que havia menos distrações em Lunghua do que eu imaginava na época, tanto para os professores como para os alunos, e assim progredíamos depressa, tal como esses prisioneiros com longas sentenças que conseguem tirar vários diplomas universitários, um após o outro.

O campo de Lunghua tinha 2 mil internos, incluindo trezentas crianças. Britânicos, holandeses e belgas eram a maioria, mas havia um grupo de trinta marinheiros americanos que tinham sido capturados a bordo de um cargueiro da marinha mercante. Como eram civis, não foram mandados para um campo de prisioneiros de guerra e decerto percebiam a sua boa sorte. Passavam o tempo vadiando em suas camas no Bloco E, embora vez por outra se animassem a levantar e ir caminhando, sem pressa, até o pátio de reunião para jogar *softball*. Eu gostava imensamente deles, pelo seu senso de humor, sua criatividade com a linguagem e o seu estilo extremamente relax. A vida na companhia deles era sempre interessante e eles continuaram alegres até o final, ao contrário de muitos internos britânicos. Sempre pareciam felizes em me ver, abrindo a cortina dos seus cubículos, e se esforçavam para me transformar em alvo de todo tipo de truques e brincadeiras amistosas, que eu levava na esportiva. Entre outras virtudes, os americanos tinham um grande estoque de revistas — *Life, Time, Popular Mechanics, Collier's* — que eu devorava, desesperado para conseguir informações concretas que alimentassem a minha imaginação.

O que acontecia, embora eu não percebesse na época, é que eu estava conhecendo toda uma gama de adultos que a minha vida anterior em Shanghai filtrava e mantinha longe de mim. Isso não tinha nada a ver com as diferenças de classe social, no sentido inglês, mas sim com o fato de que Shanghai antes da guerra atraía para seus bares e lobbies de hotel muitas pessoas desonestas e inescrupulosas — que, aliás, eram ótima companhia, e em geral muito mais generosas na hora de compartilhar uma batata doce do que os missionários da Igreja Anglicana, tão mesquinhos e sovinas. Muitos daqueles "malandros", como minha mãe os chamava, tinham a mente cultivada (talvez pelo hábito da leitura nas suas celas de prisão na Inglaterra), e se saíam com ideias fascinantes sobre tudo que existe entre o céu e a terra. Anos de golpes financeiros e imobiliários, de apostas fraudulentas nos jogos de *jai alai* e na pista de corridas de Shanghai acrescentaram sal e pimenta a esses homens espirituosos, de inteligência rápida. Eu bebia todas as suas palavras, e até tentava imitá-los, sem sucesso. A primeira vez que tentei passar para minha mãe minhas novas ideias sobre a "escola da vida", ela ficou me encarando sem dizer nada por mais de um minuto.

Mas eu amava ouvir a conversa dos adultos. Ia me aproximando devagarzinho, sem ser notado, de algum grupo de adultos do Bloco G que falava sobre os problemas de seus empregados em Shanghai, ou suas últimas viagens a Hong Kong e Cingapura, ou algum interno que se recusava a fazer sua parte na limpeza dos banheiros, ou ainda trocavam fofocas do pré-guerra sobre a sra. Fulana de Tal, até que eles percebiam meus ouvidos atentos e meus olhos brilhantes e me mandavam dar o fora.

O que todos esses adultos tinham em comum, e que eu aproveitava ao máximo, era o tédio esmagador da vida no campo. A guerra estava muito longe, e as notícias que recebíamos pelos motoristas dos caminhões de entrega e as visitas da Cruz Vermelha chegavam com meses de atraso. Os internos de Lunghua viviam em um mundo em que nada acontecia, com poucas distrações além do ruído de um ou outro avião japonês levantando voo da pista de pouso vizinha. Uma hora jogando xadrez com um menino falante de doze anos era uma hora a menos para se suportar, e até mesmo uma discussão sobre as vantagens relativas de um Packard *versus* um Rolls-Royce ajudava a passar a tarde.

Os adultos também estavam se adaptando à mudança mais significativa das suas vidas, quase tão grande como a própria guerra, uma mudança poucas vezes mencionada nas histórias sobre a internação — a ausência de álcool. Após tantos anos e, às vezes, décadas de muita bebida (o centro da vida social e profissional nos anos 1930), o Campo de Lunghua deve ter funcionado nos primeiros meses como um verdadeiro spa. Um sério risco ainda permanecia: a malária. A região de Lunghua, com suas plantações de arroz e canais estagnados, era famosa pela doença, mas, felizmente, a família Ballard permaneceu imune. Mais tarde minha mãe me disse que 50% dos prisioneiros contraíram malária. Para mim parece muito, mas depois da guerra vi estimativas oficiais de 30%.

A alimentação foi um problema sério desde o início. Uma criança com fome é capaz de comer qualquer coisa, mas meus pais deviam se arrepiar só de pensar em comer, mais uma vez, as refeições do dia. Durante todos os nossos anos de internação, nenhuma só vez vimos leite, manteiga, margarina, ovos ou açúcar. Nossas refeições consistiam de *congee* (arroz fervido até virar papa), uma sopa de legumes que continha um ou dois cubinhos minúsculos de carne de cavalo com muita cartilagem, um pão preto extremamente duro, que devia ser feito com cereais varridos do chão do depósito, cheio de areia grossa e pedacinhos de arame enferrujado, e batata-doce cinza, uma ração para o gado que eu adorava. Mais tarde passamos a comer trigo quebrado, outra ração para o gado de que passei a gostar muito. Meus pais e os outros adultos faziam um grande esforço para engolir tudo aquilo, mas eu sempre tive ótimo apetite e até hoje acho difícil deixar comida no prato, mesmo que eu não goste do sabor.

Nos últimos dezoito meses da guerra nossas rações diminuíram muito. Um dia, quando nos sentamos à mesa de armar no nosso quarto, empurrando para a beirada do prato o que minha mãe chamava de "gorgulhos", meu pai decidiu que a partir daquele dia nós deveríamos comê-los, pois precisávamos de proteína. Eram carunchos brancos, ou larvas, palavra que minha mãe preferia evitar. Meus pais deviam ficar muito irritados quando eu contava os insetos antes de engolir, com satisfação, uma colherada inteira — em geral minha contagem ia até cem, formando um perímetro duplo em volta do prato de arroz.

Um bom amigo do meu pai, um alto executivo da Shell chamado Braidwood, era o chefe do comitê dos internos que administrava o campo. Nos anos 1980, sua viúva me mandou as minutas datilografadas das reuniões do comitê, algumas das quais contavam com a participação de meu pai. Elas descrevem uma ampla variedade de problemas diários, e incluem cópias de cartas formais dirigidas ao comandante japonês e aos oficiais que o substituíram. Tratam da saúde geral dos prisioneiros, do comportamento abusivo dos guardas, da falta de medicamentos, da escassez de combustível para ferver a água potável, da necessidade de mais roupas doadas pela Cruz Vermelha (muitas das quais eram surrupiadas pelos guardas) e, acima de tudo, das rações alimentares inadequadas — enfim, uma série de problemas pelos quais os militares japoneses não tinham o menor interesse. De acordo com os relatórios de Braidwood, em 1944 nosso consumo diário de calorias era de aproximadamente 1500, despencando para 1300 em 1945. Só me resta imaginar qual fração desse montante era representada pelos gorgulhos.

7. Xadrez, tédio e um certo distanciamento (1943)

Em Lunghua me desenvolvi muito bem e aproveitei ao máximo o tempo que lá passei, para usar a linguagem dos relatórios escolares da minha infância. Minha impressão é que durante o primeiro ano de internação a vida no campo foi tolerável para os meus pais e a maioria dos adultos. Quase não havia brigas entre os internos, apesar do espaço apertado, dos mosquitos, da malária e das rações minguadas. As crianças iam à escola regularmente e havia muitos programas, sempre repletos de interessados, como eventos esportivos e sociais, palestras e aulas de idiomas. Talvez tudo isso tenha sido uma ilusão necessária, mas por algum tempo funcionou e serviu para manter todos de moral alto.

Ainda havia grandes esperanças de que a guerra terminasse logo, e no fim de 1943 a derrota da Alemanha parecia certa. O comandante do campo, Hyashi, era um homem civilizado que tentava ao máximo atender às necessidades dos prisioneiros. Quase uma caricatura do japonês míope, de óculos grossos, um bigode tipo escova de dentes e os olhos um pouco saltados, percorria o campo em uma bicicleta de dois lugares com seu filho pequeno, também de óculos, sentado no selim de trás. Sorria para as ruidosas crianças britânicas — uma tribo realmente selvagem — e travou relações amigáveis com os membros do comitê de administração. Entre os documentos que recebi da senhora Braidwood, havia uma carta enviada por Hyashi ao marido dela algum tempo depois de ser demitido do comando do campo, na qual ele descreve (em inglês) seus passeios a cavalo por Shanghai e manda calorosas lembranças. Depois da guerra meu pai foi a Hong Kong para depor no julgamento dos crimes de guerra e prestou depoimento a favor de Hyashi, que foi mais tarde inocentado e liberado.

Também fiz contatos mais ou menos amigáveis com vários jovens guardas japoneses. Quando não estavam em serviço, eu os visitava em seus alojamentos, a cinquenta metros do Bloco G, e eles me deixavam sentar em sua banheira quente e vestir suas armaduras de *kendo*. Às vezes me davam uma espada de duelo — uma arma temível, com longos segmentos de madeira articulados — e me incentivavam a esgrimir com eles. Cada luta durava vinte segundos e consistia de repetidos golpes contra meu capacete e minha máscara, pela qual eu mal conseguia enxergar. Cada golpe, que me deixava tonto, era comemorado com vivas amigáveis pelos japoneses que assistiam. Eles também estavam entediados, eram pouco mais velhos do que eu e tinham pouca esperança de reencontrar suas famílias tão cedo, se é que algum dia as reencontrariam. Eu sabia que eles eram capazes de uma terrível brutalidade, especialmente agindo sob as ordens de seus oficiais; mas como indivíduos eram tranquilos e simpáticos. Sua formalidade militar e sua ética de jamais se entregar causavam, naturalmente, forte impressão em um garoto de treze anos à procura de heróis para adorar.

Para mim a consequência mais importante do internamento foi que, pela primeira vez na vida, fiquei extremamente próximo dos meus pais. Eu dormia, comia, lia, me vestia e me despia a poucos metros deles, no mesmo quartinho — tal como faziam as famílias chinesas pobres de Shanghai, que antes me causavam tanta pena. Mas eu me deleitava com essa proximidade, que creio ter sido uma parte fundamental do comportamento humano durante a maior parte da sua evolução. À noite, deitado na cama, eu podia, se quisesse, estender o braço e segurar a mão da minha mãe, apesar de nunca ter feito isso. No início, quando ainda tínhamos luz elétrica, minha mãe lia até tarde da noite embaixo do seu mosquiteiro, a poucos metros de mim, enquanto meu pai e minha irmã dormiam em suas camas atrás de nós. Certa noite um oficial japonês que passava viu a luz através da nossa improvisada cortina blecaute. Entrou de repente no quarto, a um palmo de mim, sacou da espada e rasgou o mosquiteiro de alto a baixo, logo acima da cabeça da minha mãe; em seguida deu um golpe na lâmpada, que explodiu em cacos, e foi-se embora sem dizer palavra. Lembro-me do estranho silêncio das pessoas que acordaram nos quartos vizinhos, ouvindo seus passos desaparecendo na noite.

De alguma forma minha mãe sobreviveu; mas meus pais fizeram poucas amizades com os outros internos do Bloco G. Embora todos tivessem filhos, as famílias mantinham distância uma da outra, decerto para conservar um pouco de privacidade — um bem que se tornou extremamente raro quando se instaurou o toque de recolher noturno e tínhamos que ficar confinados nos quartos durante todas as horas de escuridão.

Mas eu fui feliz e me dei bem com essa intimidade toda, e creio que os anos que passamos juntos naquele quartinho exerceram um efeito profundo sobre mim e sobre a maneira como criei meus filhos. Talvez o motivo pelo qual moro na mesma casa, em Shepperton, há quase cinquenta anos e, para desespero de todos, sempre preferi improvisar e consertar, em vez de comprar coisas novas, mesmo tendo condições para isso, é que a minha casinha toda bagunçada me lembra o quartinho da nossa família em Lunghua.

Percebo agora como a vida inglesa era formal nos anos 1930, 1940 e 1950 para as famílias dos profissionais liberais. Os filhos de médicos, advogados e executivos raramente viam seus pais. Moravam em casarões enormes onde ninguém dividia o quarto de dormir. Nunca viam os pais trocar de roupa, escovar os dentes, nem mesmo tirar o relógio do pulso. Em Shanghai, antes da guerra, eu entrava uma vez ou outra no quarto dos meus pais e via minha mãe penteando o cabelo — uma cena estranha, quase misteriosa. Quase nunca via meu pai sem paletó e gravata, mesmo quando os anos 1950 já iam avançados. Aqueles ambientes com móveis lustrosos transformavam uma casa de família em um museu deserto, com alguns poucos quartos parcialmente colonizados onde as pessoas dormiam sozinhas, liam sozinhas, tomavam banho sozinhas e penduravam suas roupas em seus armários particulares, juntamente com suas emoções, suas esperanças e seus sonhos.

É certo que o Campo de Lunghua era um tipo de prisão, mas foi uma prisão onde eu encontrei a liberdade. Meus pais estavam sempre por perto para responder a qualquer pergunta que me viesse à cabeça — alguma dificuldade nos meus exercícios de francês, a existência ou não de Deus, o significado de "você está jogando com os meus erros", uma frase sabiamente proferida por meus adversários adultos no xadrez quando estavam a ponto de perder. De forma alguma eu me considerava um desajustado (o que certamente me tornei quando vim para a Inglaterra em 1946), e ninguém se sentia assim, não que eu me lembre. Na verdade eu era o oposto de um desajustado, e me adaptei muito bem ao campo — bem até demais. Um dos meus parceiros de xadrez, um arquiteto simpático chamado Cummings, que tinha um filho hemofílico e ficou famoso em Hong Kong depois da guerra, me disse certa vez: "Jamie, você vai sentir saudades de Lunghua quando sair daqui...".

* * *

Até chegar à Inglaterra, tive a sorte de ter tido uma infância feliz, e os choques que influenciaram no meu caráter não vieram da minha família, mas sim do mundo exterior — as súbitas mudanças de cena que testemunhei em 1937 e 1941. Os anos em Lunghua me ofereceram, na verdade, o primeiro período de estabilidade que conheci desde bem pequeno, uma estabilidade que os adultos à minha volta pouco ou nada fizeram para criar. Eu não tinha muita confiança no mundo adulto, nem nas noções de bom senso e discernimento para agir, tão louvadas pelos meus pais e professores. A guerra, como eu bem sabia, era uma coisa irracional, e as sensatas previsões dos arquitetos, médicos e diretores de empresa tinham uma acentuada tendência a estarem erradas.

Já descrevi um quadro geral do Campo de Lunghua no meu romance *O império do Sol*, o qual é em parte autobiográfico e em parte ficção, embora muitos dos incidentes foram ali descritos tal como ocorreram. Ao mesmo tempo, reconheço que o romance foi baseado nas memórias de um garoto adolescente que reagia mais calorosamente ao bom humor dos marinheiros americanos do que aos apáticos ingleses, muitos dos quais tinham empregos modestos em Shanghai e provavelmente se arrependiam de ter deixado a Inglaterra.

No meu romance, a mais importante ruptura com a realidade dos acontecimentos é a ausência dos meus pais em Lunghua. Pensei muito sobre isso, e acabei concluindo que ficaria mais próximo da verdade psicológica e emocional dos fatos se fizesse de "Jim" um órfão da guerra. Não há dúvida de que um distanciamento gradual dos meus pais, que durou até o fim de suas vidas, se iniciou no Campo de Lunghua. Nunca houve nenhum atrito ou antagonismo, e eles deram tudo de si para cuidar de mim e da minha irmã. Apesar da escassez de comida no último ano, dos invernos terrivelmente frios (morávamos em edifícios de concreto sem aquecimento) e das incertezas do futuro, no campo vivi os anos mais felizes da minha vida até me casar e ter filhos.

Ao mesmo tempo, me senti um tanto distante dos meus pais quando a guerra acabou. Um motivo do nosso distanciamento foi o fato de que sua função de pais tinha se tornado passiva, em vez de ativa. Eles não possuíam mais os meios usuais de fazer as coisas acontecerem — nada de presentes ou agrados especiais, nenhuma influência sobre aquilo que comíamos, nenhum poder sobre nossa maneira de viver ou sobre os eventos da nossa vida. Como todos os adultos, viviam apreensivos em relação aos guardas japoneses e coreanos, tão imprevisíveis, e com frequência se sentiam mal, sempre sentindo falta de comida e de roupas. Certa vez, quando meus sapatos tinham se reduzido a frangalhos, meu pai me deu um par de pesados sapatos de golfe de couro bicolor, com cravos metálicos, mas o barulho dos meus passos nos corredores de pedra do Bloco G deixava todos os internos de orelha em pé, temendo que os japoneses estivessem fazendo uma inspeção de surpresa. Eu ficava desesperado para chegar logo ao quarto dos Ballard, antes que alguém percebesse quem estava, na verdade, fazendo a ronda. Nem é preciso dizer que logo tive que devolver os sapatos ao meu pai e o Bloco G pôde, enfim, relaxar.

Pensar em comida era algo que preenchia todas as horas do meu dia, assim como dos outros adolescentes de Lunghua. Não me lembro de meus pais me darem sua própria comida, e tenho certeza de que os outros pais também não dividiam suas rações com os filhos. Qualquer mãe que esteja num campo de prisioneiros ou numa região assolada pela fome sabe que a sua própria saúde é vital para a sobrevivência dos filhos. Uma criança que perde os pais corre gravíssimo perigo, e os pais em Lunghua devem ter percebido que precisavam de toda a sua energia para os anos incertos que vinham à frente. Mas eu me virava como podia, e roubava tomates e pepinos dos canteiros de legumes quando não havia ninguém vigiando. Na verdade o campo era uma imensa favela, e como em qualquer favela, os garotos adolescentes viram selvagens. Nunca senti desprezo pelos pais dos bairros pobres, tão impotentes, incapazes de controlar os filhos. Lembro-me bem dos meus pais no campo, sem ter meios de alertar, repreender, elogiar, ou prometer coisa alguma.

Mesmo assim lamento essa distância que se criou, e percebo o quanto eu perdi. A experiência de ver os adultos em situações de estresse é, por si só, um aprendizado, mas que se adquire, infelizmente, a um preço muito alto. Quando fomos para a Inglaterra, eu, minha mãe e minha irmã, no fim de 1945, meu pai permaneceu em Shanghai. Nós nos reencontramos em 1947 quando ele fez uma rápida visita ao país e depois viajamos pela Europa no seu automóvel, um carrão americano. Eu tinha dezessete anos, já quase entrando na universidade de Cambridge, ainda sem saber se queria ser médico ou escritor. Meu pai era então uma figura amigável, mas já distante, e não teve nenhum papel na minha decisão. Quando voltou de vez à Inglaterra, em 1950, já tinha passado mais de vinte anos longe do país e seus conselhos sobre a vida inglesa estavam ultrapassados. Segui meu próprio caminho e tratei de ignorá-lo quando ele insistiu comigo para que eu não me tornasse escritor. Eu tinha passado cinco anos aprendendo a decodificar aquele mundo estranho e introvertido que era a vida dos ingleses, enquanto ele lidava, feliz, com seus colegas profissionais na Suíça e na América. Ele ligou para me dar os parabéns pelo meu primeiro romance, *O mundo submerso*, me chamando a atenção para um ou dois erros que fiz questão de *não* corrigir. Minha mãe nunca demonstrou o menor interesse pela minha carreira até a publicação de *O império do Sol*, acreditando que o livro era a respeito dela.

* * *

Como jogador de xadrez itinerante e caçador de revistas, conheci um número enorme de internos em Lunghua, mas poucos reapareceram depois na minha vida. Um deles foi o diretor da escola do campo, um missionário metodista chamado George Osborne. Sabendo das convicções de meu pai, fortemente agnósticas e pró-científicas, ele generosamente o incentivou a me matricular em sua antiga escola, The Leys, em Cambridge, fundada por metodistas abastados do norte da Inglaterra e fortemente voltada para a ciência. Osborne era uma criatura que parecia não ser deste mundo, piscando por trás dos óculos grossos, incansável em seus esforços para manter o campo unido, e um cristão praticante da melhor espécie. Sua mulher e os três filhos estavam na Inglaterra, mas assim que a guerra acabou seus primeiros pensamentos foram para seus fiéis chineses na missão que construíra no interior, para onde logo retornou, em vez de tomar o navio de volta para casa. Depois de um ano na missão fez uma rápida visita à Inglaterra, e me levava para almoçar sempre que estava em Cambridge. Por acaso, em 1960 me tornei muito amigo de um médico do norte de Londres, Martin Bax, que publicava uma revista de poesia juntamente com sua esposa, Judy. Dez anos depois descobri que Judy Bax era filha do reverendo Osborne. Como ela mesma disse, eu conhecia seu pai muito melhor do que ela mesma.

Outro conhecido de Lunghua era Cyril Goldbert, o futuro ator Peter Wyngarde. Separado de seus pais, ele vivia com outra família no Bloco G e divertia a todos com seu jeito extravagante e meio maluco. O teatro era a sua vida, e sempre representava papéis de adulto nas encenações de Shakespeare no campo, dominando completamente os gerentes de banco e diretores de empresas, que se esforçavam para acompanhá-lo. Era quatro anos mais velho que eu e uma companhia inteligentíssima, com uma linguagem sofisticada como eu poucas vezes vira. Nunca havia estado na Inglaterra, mas parecia conhecer muito bem a metade dos moradores da avenida Shaftesbury, e era uma mina de ouro de fofocas sobre tudo que acontecia no teatro londrino.

Cyril era muito popular com as mulheres, distribuía os mais galantes elogios, e minha mãe sempre se lembrava dele com afeto. "Oh, Cyril...!", ela exclamava, entre risadas, quando o via na televisão nos anos 60. Durante toda a sua vida minha mãe sentiu uma profunda aversão pelos homossexuais — algo compreensível, talvez, em uma época em que uma detenção por atos homossexuais resultava não só em prisão como em desgraça social. Creio que para todas as mulheres casadas, o medo mais profundo deve ter sido o de que o marido, o sustentáculo da casa, o que trazia pão para a mesa, o pai de seus filhos, pudesse ter uma identidade secreta, cuidadosamente trancada em algum armário. Quando eu estava com dezessete ou dezoito anos ela me viu lendo uma coleção de peças de Oscar Wilde e arrancou, literalmente, o livro das minhas mãos, embora eu já mostrasse vivo interesse pelas meninas da minha idade.

Uma vez fui caminhar com Cyril por uns prédios em ruínas nos confins do campo, ouvindo-o traçar seus planos para a conquista do West End. Ele partiu um pedaço de carvão de uma tora de madeira queimada, e com um floreio escreveu na parede o que seria seu nome artístico quando voltasse para a Inglaterra: Laurence Templeton. Um nome perfeito para a época, e muito mais grandioso que Peter Wyngarde. Encontrei-o no início dos anos 1950 no bar Mitre, na avenida Holland Park, em Londres; estava em mau estado, com os dentes ruins e os olhos cansados. No entanto, dez anos mais tarde alcançou enorme sucesso, não no palco mas na televisão, como o personagem Jason King. Eu o vi em St James's Park, um casaco de pelo de camelo jogado com estilo sobre um terno elegante, um chapéu de feltro inclinado na testa e os dentes perfeitos. Fui falar com ele, mas ele me cortou abruptamente.

8. Os ataques aéreos americanos (1944)

As lembranças que meus pais guardaram de Lunghua eram muito mais duras que as minhas. Eu vivia com fome, mas me deleitava naquela vida do campo, perambulando por toda parte, sendo o centro de um grupo de meninos da minha idade, jogando xadrez com os prisioneiros entediados nos dormitórios masculinos e, entre uma jogada e outra, lhes perguntando sobre o mundo lá fora. Ao mesmo tempo, eu não sabia nada sobre o progresso da guerra e sobre o nosso provável destino nas mãos dos japoneses.

Os suprimentos ocasionais da Cruz Vermelha nos mantinham vivos, mas os adultos deviam se sentir fracos e desmoralizados, sem um sinal do fim da guerra. Muitos anos depois minha mãe me disse que em 1944 havia fortes rumores, vindos dos suíços de Shanghai, que mantinham a neutralidade na guerra. Diziam que o alto comando japonês planejava fechar o campo e nos levar em marcha forçada para o interior do país, onde tratariam de se livrar de nós. Os exércitos japoneses na China, com seus milhões de homens, estavam se retirando para o litoral, planejando oferecer sua última resistência junto à foz do rio Yangtsé, contra o desembarque dos americanos, já previsto. Esses boatos, por mais incertos que fossem, devem ter alarmado profundamente meus pais e os outros adultos.

Sem saber de nada disso, continuei tocando a minha vida. Arranjava exemplares esfrangalhados das revistas *Life* e *Popular Mechanics* com os marinheiros americanos do Bloco E, construía armadilhas para faisões (nunca pegamos nenhum), flertava com as meninas magricelas mas atraentes do Bloco G, que entraram na puberdade junto comigo. Felizmente, as bombas atômicas de Hiroshima e Nagasaki levaram a guerra a um final abrupto. Assim como meus pais, e como todos os sobreviventes do Campo de Lunghua, sempre fui a favor do lançamento das bombas atômicas americanas. Atendendo ao pronunciamento do imperador Hiro-hito, transmitida pelo rádio, aceitando a rendição do país, a máquina de guerra japonesa, ou o que restava dela, parou por completo em poucos dias, salvando assim milhões de vidas de chineses, bem como as nossas. Para se ter uma ideia do que poderia ter acontecido, basta lembrar a violenta batalha pela conquista de Manilha, a única cidade grande disputada pelos americanos na Guerra do Pacífico, onde morreram 100 mil civis filipinos.

Ao chegar o verão de 1944, as condições tinham piorado muito no Campo de Lunghua. As forças japonesas no Pacífico estavam recuando perante os violentos ataques aéreos e navais dos Estados Unidos, e os submarinos americanos causavam pesadas baixas nos carregamentos japoneses que iam e vinham pelas ilhas. Uma a uma, as cidades japonesas iam sendo arrasadas pelos bombardeiros americanos. O alto comando em Tóquio mal conseguia alimentar seus próprios soldados, e muito menos os grupos de civis espalhados em campos de detenção por todo o Extremo Oriente.

O comportamento dos guardas japoneses em Lunghua foi ficando mais brutal conforme o Japão começava a encarar a derrota. Longe de querer agradar, os guardas batiam nos prisioneiros homens durante o toque de recolher. Os soldados japoneses que constituíam a força original da guarda foram substituídos por recrutas mais velhos, e depois por recrutas coreanos, os quais haviam sido, eles próprios, brutalizados pelos oficiais japoneses, e eram especialmente cruéis.

Depois da guerra ficamos sabendo que durante o nosso período de internamento havia três rádios clandestinos no campo, e um grupo de prisioneiros acompanhava de perto o desenrolar da guerra. Guardavam sigilo, porém, das notícias, temendo, sensatamente, que os poucos colaboradores que havia no campo avisassem os guardas. Uma inglesa casada do Bloco G, que falava japonês fluentemente, trabalhava no escritório do comandante. Havia uma suspeita generalizada de que ela passava informações para os japoneses, conscientemente ou não, talvez em troca de remédios para o seu filho doente.

Suponho que ela não sabia de nada sobre os rádios clandestinos, mas possivelmente foram as notícias animadoras sobre a guerra que incentivaram a primeira fuga do campo, em 1944. Cinco ou seis homens em grupo passaram pela cerca de arame farpado e fugiram para as linhas chinesas, a 650 quilômetros de distância; depois foram seguidos por outros. Um grupo conseguiu escapar, mas outros foram denunciados pelos chineses das aldeias, que tinham pavor dos japoneses e suas ferozes represálias.

Um resultado imediato foi que o comandante do campo, Hyashi, foi despedido, Lunghua ficou sob o comando direto dos militares japoneses e seguiu-se um regime mais severo. As rações de alimentos foram reduzidas, e uma segunda cerca de arame farpado foi construída ao redor do aglomerado central de prédios onde moravam os prisioneiros solteiros. Os portões agora eram fechados às dezenove horas, o que significava que o Bloco G ficava excluído da vida noturna do campo. Imagino que os japoneses supunham que os homens casados, com filhos, não iriam fugir.

As checagens foram intensificadas e agora ocorriam duas vezes por dia — tínhamos que ficar em pé no corredor, esperando, cansados, à porta dos nossos quartos, enquanto os guardas checavam laboriosamente se estávamos todos presentes. Sempre que havia uma infração mais grave dos regulamentos do campo, ou então uma derrota significativa de suas forças no Pacífico, o novo comandante impunha o toque de recolher e fechava a escola, às vezes por dois ou três dias seguidos — uma verdadeira punição aos pais, forçados a suportar seus filhos rebeldes.

O pavilhão dos chuveiros foi fechado, e dali em diante tínhamos que trazer baldes de água das estações de aquecimento Bubbling Well e Waterloo, uma tarefa diária exaustiva que eu fazia para minha mãe (meu pai trabalhava na cozinha do campo, alimentando os fogões a lenha). Os dois refeitórios também foram fechados, e a comida agora nos chegava em carrinhos de mão com rodas metálicas, empurrados por dois internos do Bloco G. Esfomeado como sempre, eu ficava atento ao rangido do carrinho de mão, e corria para ser o primeiro da fila no saguão de entrada e ganhar nossa ração de mingau de arroz e batata doce. Mais tarde, enquanto os outros se recuperavam da refeição, eu ajudava a empurrar o carrinho de volta para a cozinha e assim tinha permissão de raspar o fundo do caldeirão das batatas.

Os invernos em Lunghua eram terrivelmente gelados. Vivíamos em prédios sem aquecimento e muita gente passava o máximo de tempo possível na cama. Meu pai ficou sabendo, por intermédio de George Osborne, o diretor da escola, que muitas janelas das salas de aula perderam os vidros nas batalhas de 1937 em torno de Lunghua. De algum jeito meu pai conseguiu convencer outros pais a contribuírem com qualquer pedaço de pano velho que tivessem. Cortou então os pedaços em dezenas de quadradinhos, derreteu velas em uma bandeja e colocou ali o tecido, deixando-o se embeber de cera derretida. Essas cortinas improvisadas, pregadas nas janelas pelos professores, amenizavam o vento gelado que soprava nas nossas salas de aulas.

Minha mãe gostava de fazer chá para se aquecer, e um dos meus adversários no xadrez, um ex-dono de garagem chamado Richards, me ensinou como construir um *chatty*, um fogão chinês rudimentar, usando uma lata de óleo de vinte litros que surrupiamos do depósito de lixo dos guardas. Arrancamos algumas barras de ferro das paredes de um prédio arruinado, que tinha grandes buracos no reboco, depois passamos essas barras pela lata e moldamos um sifão com um pouco de barro molhado. Os fornos da cozinha queimavam coque, e nos montes de cinzas ao lado das fornalhas podíamos encontrar alguns pedacinhos desse carvão de baixa qualidade. Eu me agachava nesses montinhos de cinzas ainda mornas, remexendo a poeira e os restos de carvão com um pedaço de arame, e me lembrando dos meninos mendigos chineses que apanhavam pedacinhos de carvão na avenida Joffre. Lembro que refletia sobre isso sem comentar, e continuo agora sem comentar.

Às vezes meu pai trazia da cozinha uma pequena porção de arroz fervido para minha mãe; mas, como homem de princípios, se recusava a trazer até mesmo um minúsculo pedacinho de carvão para abastecer o *chatty*. Nas minhas perambulações pelo campo encontrei uma baioneta chinesa quebrada — apenas um cabo com meio palmo da lâmina partida. Durante algumas semanas tratei de afiá-la, esfregando-a contra qualquer pedra dura que eu encontrasse. Certa noite, no escuro, uma hora antes do toque de recolher, levei Bobby Henderson até o depósito de carvão atrás da cozinha. Agachado atrás da parede, comecei a raspar e furar a argamassa com a ponta da baioneta. Consegui retirar dois tijolos, enfiei a mão pelo buraco e tirei vários punhados de carvão, que dividi entre nós dois; depois recoloquei os tijolos na parede.

Meu pai não disse nada quando lhe mostrei o carvão, mas deve ter desconfiado que eu havia roubado do depósito da cozinha. Em pouco tempo os carvões já reluziam no fogãozinho chinês, na entrada dos fundos do Bloco G, e meu pai levou uma xícara de chá preto quentinho para minha mãe, que estava de cama. Nós dois sabíamos que ele havia cedido em seus princípios, mas ao mesmo tempo senti que não ganhei nenhum mérito aos seus olhos. Tenho certeza de que se a guerra tivesse continuado muito mais tempo, o senso de comunidade e as restrições sociais que mantinham os internos unidos teriam se rompido. Os princípios morais, assim como a bondade e a generosidade, valem menos do que parecem. Naquele momento, sentindo os carvões incandescentes me aquecendo as mãos, fiquei curioso para saber o que o Henderson faria com a sua cota de carvão. Mais tarde eu o vi na escuridão, atirando os pedaços no lago para lá da cerca externa.

No final de 1944, as condições em Lunghua continuavam piorando, não por negligência deliberada das autoridades japonesas, mas porque haviam perdido todo o interesse por nós. As rações diminuíram e a saúde dos prisioneiros sofria com a malária, a exaustão e uma resignação generalizada diante da perspectiva de mais anos de guerra. Os americanos avançavam ilha por ilha através do Pacífico, mas ainda estavam a centenas de quilômetros de distância. O imenso exército japonês na China estava pronto para defender, até o último homem, o imperador e o país natal.

Em lugar algum os soldados japoneses se renderam em grandes números. O fatalismo, a disciplina férrea e um profundo patriotismo moldavam seu espírito guerreiro. Creio que, de alguma forma, o soldado japonês assumiu, inconscientemente, que já havia morrido em batalha, e a aparente vida que lhe restava não duraria muito. Isso explica sua feroz crueldade. Ainda guardo na memória dois guardas espancando até a morte um chinês puxador de riquixá, totalmente exausto, que acabava de trazê-los de Shanghai. Enquanto o homem, desesperado, soluçava de joelhos, os japoneses primeiro chutaram e quebraram em pedaços seu riquixá, provavelmente seu único bem e sua única fonte de renda, e depois começaram a bater e chutar o chinês até deixá-lo imóvel no chão, transformado numa massa sangrenta.

Tudo isso aconteceu a uns dez metros de mim, perto da entrada dos fundos do Bloco G, e foi presenciado por um grande número de internos ali reunidos. Nenhum dos homens disse nada, como se seus olhares fixos e silenciosos pudessem forçar os dois japoneses a terminar sua tortura. Eu sabia que essa era uma esperança tola, mas também compreendia por que nenhum dos ingleses, todos com esposa e filhos, tentou intervir. A represália teria sido imediata e terrível. Lembro-me de sentir um torpor, um amortecimento profundo, algo que deve ter chamado a atenção de um dos amigos do meu pai, que me levou para longe dali.

Creio que nessa época, no início de 1945, eu já estava começando (aos catorze anos!) a me preocupar com o futuro de Lunghua. Percebi que manter o moral dos japoneses era mais importante que o moral dos internos, e ficava contente ao ver os guardas japoneses ajudando os grupos que consertavam os portões do campo para impedir a entrada dos campônios chineses — pobres miseráveis que haviam caminhado quilômetros pelos campos devastados, esperando encontrar abrigo em Lunghua. Famílias morrendo de fome se sentavam em frente aos portões, as mulheres chorando alto e levantando seus filhos esqueléticos, tal como faziam os mendigos aglomerados à porta dos prédios comerciais no centro de Shanghai. Se os japoneses abandonassem Lunghua, ficaríamos expostos a soldados japoneses desgarrados vagando ao léu, transformados em verdadeiros bandidos, e também a chineses do antigo exército-fantoche, que havia colaborado com os japoneses, agora abandonados à própria sorte — todos armados e ansiosos para saquear o campo.

Eu vigiava cuidadosamente a cerca de arame farpado, de costas para as crianças menores que ainda se divertiam com as brincadeiras tradicionais — brincadeiras que esqueci quando cheguei à Inglaterra e, infelizmente, nunca ensinei aos meus próprios filhos — bolinhas de gude, amarelinha, e os complicados jogos de bola e de pular corda. Eu já havia lido e relido várias vezes todo o estoque de revistas do campo, mas continuava visitando os marinheiros americanos. Alegres como sempre, viviam obcecados por suas armadilhas de pegar faisões, que eu ajudava a colocar no chão, entre o Bloco E e a cerca externa. Hoje suspeito que eles estavam, na realidade, marcando uma rota de fuga longe dos olhos dos japoneses, preparando-se para uma emergência, assim como o fechamento repentino do campo.

Os primeiros ataques aéreos americanos sobre Shanghai começaram no verão de 1944 e se intensificaram nos meses seguintes. Aviões de reconhecimento apareciam no céu, estranhamente imóveis em meio às nuvens. Logo depois chegaram esquadrões de aviões de combate Mustang e bimotores Lightning, vindos do sul, para atacar o campo de pouso de Lunghua. Chegavam voando baixo, não mais que seis metros acima dos arrozais abandonados, iam esconder-se atrás dos blocos residenciais de três andares, aí davam uma guinada e passavam a metralhar os hangares e os aviões japoneses pousados no solo. O templo de Lunghua, um pagode com vários andares, fora transformado pelos japoneses em torre de artilharia antiaérea. Do meu posto de observação, o balcão do banheiro masculino no primeiro andar, eu assistia os ataques e via o pagode todo aceso, como uma árvore de Natal, com o tiroteio relampejando nos andares superiores.

Sempre que um ataque aéreo era iminente, a sirene de alarme tocava para nos mandar de volta aos dormitórios. Certa vez, correndo para o Bloco G junto com outros prisioneiros, fui pego em campo aberto. A artilharia antiaérea explodia acima de nós, e parei para apanhar um fragmento de aço retorcido, parecendo a casca de uma maçã prateada, que rebrilhava no chão. Lembro que ainda estava quente. Muitas vezes os Mustangs ejetavam o tanque de combustível antes de atacar, e esses objetos em forma de bomba eram tratados com imenso respeito pelos guardas japoneses, que os isolavam com cordas para serem inspecionados mais tarde pelos engenheiros militares.

Os ataques aéreos a Shanghai aconteciam quase diariamente, e uma vez que o campo de pouso de Lunghua foi neutralizado, apareceram no céu as primeiras ondas de bombardeiros B-29 — imensas aeronaves quadrimotores que jogavam bombas no aeroporto de Shanghai, nas docas e nos entroncamentos ferroviários. Vi quando passaram acima de nós e desapareceram nas nuvens; dali a um momento, uma cortina de fumaça se levantou do chão com um rugido aterrador, enquanto pedaços de bombas atingiam os hangares e os aviões no solo. Ainda vejo um Mustang atingido deixando um rastro de fumaça, fazendo a volta e seguindo para o leste, em direção ao mar, talvez com a esperança de aterrissar perto de algum navio americano. Ao atravessar o rio Huangpu deve ter desistido, pois vimos seu paraquedas se abrir — e logo um caminhão cheio de soldados japoneses passou pela frente do campo, partindo para capturar o piloto.

Essas aeronaves americanas, tão avançadas, viraram meu novo objeto de veneração adolescente. Quando os Mustangs passavam raspando, a menos de trinta metros do solo, era bem óbvio que pertenciam a outra classe tecnológica. A potência de seus motores (eram motores Rolls-Royce Merlin, projetado pelos ingleses, como soube mais tarde), sua velocidade, sua fuselagem prateada e o belo estilo das suas manobras os colocava, sem a menor dúvida, em uma categoria mais avançada do que os Zero japoneses, assim como os Spitfire e Hurricane dos telejornais da embaixada britânica. Esses aviões americanos tinham saído direto das páginas de anúncios das revistas *Life* e da *Collier's*, eram exemplos da mesma ética do consumo que os Cadillacs, os Lincoln Zephyr, as geladeiras e os rádios. De certo modo, os próprios Mustangs e Lightning eram propagandas voadoras, zunindo a seiscentos quilômetros por hora, anunciando o sonho americano, o poderio americano.

Notei que os marinheiros americanos do Bloco E não tinham a menor dúvida sobre a superioridade desses modernos aviões que passavam pouco acima de nós. Apesar da catástrofe que ocorrera com os navios de guerra *Repulse* e *Prince of Wales*, os internos britânicos ainda falavam com certo orgulho obstinado sobre os equipamentos militares de seu país; mas os marinheiros americanos que eu visitava nunca diziam nada a respeito, nunca se vangloriavam.

Tudo isso me fez transferir minha admiração juvenil para um novo grupo de heróis. Por mais valentes que fossem os soldados e pilotos japoneses, eles pertenciam ao passado. A América, como eu percebia, era o futuro que já havia chegado. Comecei a passar todos os meus momentos livres olhando para o céu.

9. A estação ferroviária (1945)

Um dia, no início de agosto, ao acordar, descobrimos que os guardas japoneses tinham sumido. Ficamos a postos em nossos lugares para a chamada matinal, em pé no corredor à porta dos nossos quartos, mas os guardas não apareceram. Começamos a perambular, prestando atenção ao céu. Um ou dois aviões de reconhecimento voavam vagarosamente lá no alto, mas, pela primeira vez, tudo estava em silêncio. Será que a guerra havia acabado? Boatos e contraboatos assolaram o campo, mas Lunghua continuava isolado do mundo, circundado por aldeias desertas e arrozais já secos.

Desmoralizados pela interminável ofensiva aérea, pelo naufrágio da maioria dos seus navios por submarinos americanos perto da foz do Yangtsé, e pela perda de Iwo Jima e Okinawa, os militares japoneses responsáveis pelo nosso campo haviam, finalmente, abandonado aquele grupo de internos estrangeiros acometidos pela malária. O suprimento de comida fora intermitente durante meses, e eu passava horas no teto de observação do Bloco F, na esperança de enxergar algum sinal do caminhão da Cruz Vermelha que traria as rações do dia seguinte.

A cerca externa ficava a poucos metros do Bloco G, e alguns homens começaram a passar pelo arame farpado. Paravam em meio à relva alta, respirando fundo o ar do lado de fora do campo, como se testando para ver se a atmosfera ali era diferente. Eu os segui, mas em vez de ficar perto da cerca, decidi caminhar até um monte funerário a cerca de duzentos metros. Subi na camada mais baixa de caixões apodrecidos, virei-me e olhei para trás, para o campo, vendo uma paisagem que nunca havia visto. Era muito estranho não fazer mais parte do campo, vendo-o de longe. Tudo nessa perspectiva parecia esquisito e irreal, embora o campo tivesse sido meu lar durante dois anos e meio. Desci do morro, voltei correndo pelo mato alto até a cerca e passei de novo pelo arame farpado, aliviado por estar de volta ao campo, a única situação de segurança que eu conhecia.

Animados pela ausência dos guardas japoneses, alguns internos britânicos decidiram caminhar até Shanghai. Fiquei tentado a acompanhá-los, mas, felizmente, desisti. Em poucas horas foram trazidos de volta para o campo, espancados, deitados no chão de um caminhão japonês — parte de uma divisão motorizada da polícia militar que de imediato restabeleceu o controle sobre Lunghua. Creio que nessa ocasião a primeira bomba atômica já havia sido lançada sobre Hiroshima, mas os japoneses ainda não tinham decidido se render. Os generais japoneses na China continuavam preparados para lutar até o fim, mesmo sabendo que no Japão a maioria das grandes cidades e áreas industriais haviam sido reduzidas a cinzas pelos bombardeios americanos.

Os soldados japoneses desceram dos caminhões, detiveram alguns internos e os levaram para serem interrogados no escritório do comandante, no primeiro andar do Bloco F. Percebendo o que poderia acontecer aos seus maridos, um grupo de esposas atacou os japoneses quando estes atravessavam o pátio em frente ao Bloco D, e em seguida foram se postar sob a janela do escritório do comandante, vaiando e gritando com os oficiais japoneses, que fitavam impassíveis as mulheres furiosas. Vi o cuspe que saía da boca de uma mulher formar um colar em seu peito, enquanto ela e as outras xingavam e brandiam o punho para os japoneses.

Por fim os homens foram liberados, mas mesmo assim ninguém sabia se a guerra havia terminado. Poucos dias depois, ficamos sabendo do pronunciamento do imperador Hirohito pelo rádio, ordenando a todas as forças japonesas, onde quer que estivessem, a baixar as armas, mas não tínhamos certeza se eles de fato obedeceriam — mesmo quando os guardas japoneses, por fim, partiram em seus veículos e nos deixaram sós em Lunghua. Os bombardeios haviam cessado, mas divisões militares japonesas continuavam ocupando Shanghai e a área rural adjacente.

Várias semanas se passaram até que as forças americanas chegassem com força total para assumir o controle de Shanghai. O mês de agosto de 1945 foi um estranho interregno, em que nunca tínhamos certeza se a guerra havia realmente acabado — uma sensação que permaneceu comigo durante vários meses, e até vários anos. Até hoje, quando cochilo na poltrona, ainda sinto aquele mesmo breve momento de incerteza.

Continuei no campo esperando, até ter certeza de que os japoneses haviam realmente se rendido. Todo o espírito de comunidade desaparecera do campo de Lunghua, e parecia que nada mais tinha importância. A escola estava fechada, e as crianças brincavam de pular corda enquanto as mães abandonavam a roupa da família pendurada no varal atrás do Bloco G. A água da estação Bubbling Well estava fria, e a Cruz Vermelha nos enviava todos os dias um caminhão-pipa com água potável, junto com rações suficientes para nos manter vivos. Era bem claro, porém, que não havia mais razão para a existência do campo. Eu perambulava pelos prédios em ruínas com Cyril Goldbert, ouvindo-o falar dos personagens shakespearianos que logo mais estaria representando — o "seu" Hamlet, "seu" Otelo, "seu" Macbeth, consciente de que nenhum de nós em Lunghua teria papel algum nessas futuras apresentações.

Foi então que, nos últimos dias de agosto, quando eu estava de plantão no teto do Bloco F, vi um B-29 vindo na direção do campo a uns 250 metros de altitude. O compartimento das bombas estava com as portas abertas, e por alguns segundos achei que seríamos atacados. Mas desse compartimento caiu uma fileira de latões, seus paraquedas se abriram, e assim chegaram as primeiras provisões de socorro lançadas pelos americanos, flutuando lentamente em nossa direção. Seguiu-se uma correria, com todos ajudando a arrastar os latões para os seus blocos. Cada um deles era um tesouro de suprimentos, mas um sistema sensato de racionamento permitiu que cada família recebesse uma cota justa. Havia latas de presuntada Spam e de leite em pó Klim, pacotes de cigarros Lucky Strike, latas de geleia e enormes barras de chocolate. Lembro-me vividamente da nossa refeição nesse dia, na nossa mesinha de armar, e do sabor extraordinário da gordura animal, do açúcar, da geleia e do chocolate. Os enormes e preguiçosos aviões que flutuavam acima de nós eram emissários de um outro mundo. O campo ganhou vida nova, e os prisioneiros encontraram um novo propósito para a vida. Todos passaram a esconder e vigiar suas novas provisões, sempre atentos a algum ruído que anunciasse a chegada dos aviões americanos, sempre rápidos em apontar a menor injustiça na distribuição.

Cansado de tudo isso, e reanimado pela carne em lata e o chocolate, decidi caminhar até Shanghai. Tinha passado anos contemplando os edifícios de apartamentos da Concessão Francesa, e estava ansioso para rever a avenida Amherst. Sem dizer nada aos meus pais, fui até a cerca atrás do velho pavilhão dos chuveiros.

Certo de que conseguiria caminhar oito quilômetros até os bairros da zona oeste de Shanghai, passei pelo arame farpado.

O campo de Lunghua ficou para trás mais depressa do que eu imaginava. À minha volta vi uma área silenciosa, com arrozais abandonados, montinhos funerários, canais dilapidados, pontes em ruínas, aldeias-fantasma já desertas há vários anos. Dei a volta no campo de pouso, onde vi soldados japoneses patrulhando os hangares e aviões incendiados pelas bombas, e decidi não verificar se eles achavam ou não que a guerra havia terminado. Passei por barcos e caminhões destroçados, atingidos pelos ataques aéreos, e por cadáveres de chineses colaboracionistas, do exército-fantoche, estirados na lama.

Depois de uma hora cheguei à estrada de ferro Hangchow-Shanghai, que circundava Shanghai a oeste. Como não havia trens, decidi caminhar ao longo do canal. A uns oitocentos metros havia uma pequena estação ferroviária, nada mais que uma plataforma de concreto e dois postes telegráficos. Ao me aproximar ouvi uma espécie de estranha lenga-lenga, e vi um grupo de soldados japoneses esperando na plataforma. Sentados sobre suas caixas de munição, bem armados, palitavam os dentes enquanto um deles atormentava um jovem chinês deitado no chão, de calça preta e camisa branca. O soldado japonês tinha cortado um pedaço de fio telefônico e amarrado o chinês ao poste telegráfico, e estava agora estrangulando o homem devagar, enquanto o chinês gemia, parecendo cantar uma ladainha. Pensei em sair da minha rota e atravessar pelo campo ao lado, mas achei melhor passar reto pelos soldados e tratar aquela cena tétrica que ali se desenrolava como se fosse um problema particular que não me dizia respeito.

Já estava quase passando direto pela plataforma quando o soldado que segurava o fio telefônico levantou a mão e me chamou com um gesto. Tinha visto o cinto de plástico transparente que segurava minha calça curta de algodão puído. Era presente de um dos marinheiros americanos, uma novidade muito apreciada que provavelmente nenhum japonês já tinha visto. Tirei o cinto, dei para ele e fiquei esperando enquanto ele o flexionava e olhava para mim através do plástico incolor, rindo com admiração. Atrás dele o jovem chinês ia morrendo asfixiado, devagar, sua urina se espalhando pelo chão de cimento.

Esperei debaixo do sol forte, escutando a lenga-lenga dos gemidos cada vez mais fracos. O chinês não foi a primeira pessoa que vi os japoneses matarem. Mas existia um estado de guerra desde 1937, e agora a paz já deveria ter chegado à foz do Yangtsé. Ao mesmo tempo, eu já tinha idade bastante para saber que para aqueles soldados japoneses perdidos, a vida e a morte já não tinham nenhum significado. Sabiam que suas próprias vidas logo chegariam ao fim, e que estavam livres para fazer o que quisessem, para infligir qualquer dor. A paz, percebi então, era mais ameaçadora, pois as regras que sustentavam a guerra, por mais perversas que fossem, tinham sido suspensas. Os arrozais vazios e as aldeias abandonadas confirmavam que nada mais tinha qualquer importância.

Dez minutos depois, o chinês emudeceu e pude seguir caminho. O soldado japonês não me mandou embora, mas percebi que eu já não tinha interesse para ele. Assobiando baixinho, com o cinto de plástico em volta do pescoço, pulou por cima do cadáver amarrado do chinês e se juntou aos companheiros, esperando o trem que nunca chegaria.

Fiquei muito abalado, mas já tinha conseguido me firmar quando cheguei à zona oeste de Shanghai. Talvez a guerra ainda não tivesse realmente acabado, ou quem sabe tínhamos entrado em um mundo intermediário, onde ela se prolongaria, num certo nível, ainda durante meses ou mesmo anos, fundindo-se com a próxima guerra e com a outra que viria mais além. Gosto de pensar que eu, adolescente, conservei o autocontrole, mas percebo agora que no momento só tinha consciência do cruel fato de que eu estava vivo e aquele chinês desconhecido estava morto. Infelizmente, na maioria dos aspectos, minhas experiências de guerra não foram diferentes das de milhões de adolescentes na Europa e no Extremo Oriente sob ocupação inimiga. Uma imensa crueldade se espalhara sobre o mundo, e isso era tudo que nós conhecíamos.

Por fim cheguei aos bairros residenciais da zona oeste de Shanghai e fui direto para a casa dos Kendall-Ward. Precisava vê-los de novo, depois de quase três anos. Sabia que os meninos estariam crescidos e que os cachorros estariam mais velhos, mas a sra. Kendall-Ward estaria igual, um pouco mais magra, mas acolhedora como sempre. Já podia até ouvi-la conversando em chinês com seu batalhão de amas, com os animais pulando em volta.

O portão estava entreaberto. Entrei e fui chegando até a porta da casa, atravessando o jardim descuidado, tentando ouvir qualquer barulho da família. Apertei a campainha, e pela porta aberta enxerguei um pedaço de céu. Demorei um bom momento para entender o que acontecera. A casa tinha virado uma casca vazia. Tudo fora arrancado e saqueado — todas as portas e batentes, todas as vigas de madeira e tábuas do assoalho, cada trave do teto, todas as telhas, todos os fios elétricos, todos os canos de água. Só ficaram as paredes de tijolos nus. Desprotegida, a casa tinha se tornado, para todos os efeitos, uma loja de carpintaria e materiais de construção grátis, onde os chineses das redondezas tinham se servido à vontade sempre que precisavam de uma torneira ou de um interruptor elétrico. Lembro-me de uma profunda sensação de perda. Pareceu-me que os tempos mais felizes que eu conhecera em Shanghai antes da guerra tinham sido apagados e obliterados para sempre. Foi um erro grave confiar nas minhas lembranças, que também não passavam de um palco, assim como aquela casa saqueada e destripada onde eu tentava tocar a campainha.

Depois de descansar um pouco na soleira da porta, fui descendo a rua Amherst até o número 31, a casa dos Ballard, já esperando encontrá-la igualmente desventrada. Subi os degraus, apertei a campainha e a ouvi quando ela tocou lá dentro. Um jovem soldado chinês do exército-fantoche, não muito mais velho que eu, abriu a porta e tentou barrar a minha entrada com seu rifle. Eu o empurrei para o lado, dizendo: "Esta casa é minha".

Um general chinês do exército-fantoche havia ocupado a casa, mas já fugira da cena, decerto em pânico após a rendição japonesa. A casa estava intacta, com todos os móveis e utensílios de cozinha nos seus devidos lugares. Andei pelos cômodos abafados, vendo os raios do sol brincarem nos redemoinhos de poeira que me acompanhavam. Subi até meu quarto e deitei na cama, contando os parafusos no teto onde eu antes pendurava meu aeromodelo. A casa parecia estranha, e senti que ela deveria ter mudado, assim como tudo o mais em Shanghai. Era quase como se a guerra nunca tivesse acontecido.

10. O fim da guerra (1945)

Shanghai logo abriu suas portas e acendeu todas as suas luzes, saudando à sua maneira os novos visitantes americanos, como nos bons velhos tempos, com milhares de bares, prostitutas e antros de jogatina. Havia um cruzador americano ancorado logo ao lado do Bund e aviões americanos no campo de pouso de Lunghua; mas a transferência de poder levou várias semanas para se efetivar. Soldados dispersos das milícias e do exército-fantoche colaboracionista, agora sem objetivo, vagavam pelos arredores da cidade, e a maior parte dos internos de Lunghua permaneceu ali por mais um mês, na relativa segurança do campo.

Voltei a Shanghai várias vezes, ora a pé, ora de carona com os motoristas da Cruz Vermelha, ou ainda sentado em cima do caminhão-pipa que trazia água fresca para o campo. Certa tarde em Shanghai, iniciei minha caminhada de oito quilômetros de volta para Lunghua, pela estrada que levava ao campo de pouso. Uma hora mais tarde passou por mim um caminhão do exército japonês. Corri atrás do veículo, com seu motor asmático e barulhento, agarrei-me à caçamba e consegui subir, sem ser convidado. Cinco ou seis soldados japoneses bem armados me observaram quando me sentei no banco ao seu lado, e um deles pegou a garrafa de água da minha mão. Tomou um gole, fez uma careta, talvez esperando uma bebida mais forte, e me devolveu. Quando saltei no cruzamento seguinte e comecei a atravessar os arrozais em direção a Lunghua, qualquer um deles poderia facilmente atirar em mim, pois creio que tinham apenas uma vaga ideia das ordens de rendição de Hirohito. Mas talvez tenham imaginado que, de alguma forma, eu estava do lado deles.

A família Ballard deixou Lunghua no início de setembro e retornou para sua casa na avenida Amherst. Um grupo de empregados logo começou a trabalhar, mas não tenho certeza se incluía alguns dos que foram dispensados quando fomos para o campo. Nosso antigo motorista voltou, dirigindo um Chrysler que meu pai havia comprado de um chinês, um de seus contatos comerciais. Uma quantidade enorme de presentes chegava diariamente à nossa casa — cestas de palha repletas de pêssegos e mangas frescas, alimentos enlatados, garrafas de uísque escocês do pré-guerra. Lembro-me das galinhas andando com seu passo empertigado, cacarejando pelo saguão de entrada, até serem agarradas por algum criado e levadas para a cozinha.

Por fim consegui entrar em contato com os Kendall-Ward, que tinham sobrevivido à guerra e moravam agora numa casa alugada na região noroeste da cidade. Fiquei feliz em rever os meninos, e a senhora Kendall-Ward me recebeu calorosamente. Mesmo assim me senti um tanto constrangido com eles. Milagrosamente, parecia que eles não tinham mudado com a guerra. Continuavam encantadores e amáveis como sempre. Mas eu havia mudado, e sabia que a infância tinha acabado de uma vez.

Mesmo assim, num prazo surpreendentemente breve, nossa vida voltou a ser muito parecida com o que era. Havia dezenas de navios de guerra americanos ancorados no Huangpu, e grupos armados de marinheiros e fuzileiros navais americanos circulavam pela cidade. A família alemã que morava em frente a nós fora expulsa, e dois oficiais americanos muito simpáticos do serviço de informações vieram ocupar seu lugar. Logo trouxeram suas elegantes namoradas chinesas para morar com eles, mulheres cultas e sofisticadas que punham minha mãe a par das últimas novidades da moda. Esses americanos trabalhavam na administração militar de Shanghai, e às vezes me levavam em suas rondas pela cidade, visitando as prisões militares onde os soldados japoneses e os colaboradores chineses estavam encarcerados nas mais atrozes condições. À noite faziam sessões de cinema e convidavam os Ballard. Assistimos às Irmãs Andrew cantando "Don't Fence Me In" e cantávamos junto animadamente, acompanhando o ritmo. Os americanos tinham um estoque infindável de revistas e gibis, mas agora eu estava mais interessado nas edições de bolso de Hemingway e Steinbeck, que eu devorava. A escassez de papel em Lunghua não tinha me permitido escrever muito, mas os relatos de guerra de Hemingway coincidiam com as minhas próprias recordações e com as verdades indesejáveis que a guerra é capaz de expor.

Meu pai conseguiu uma bicicleta de presente para mim de um conhecido, um executivo chinês, e comecei outra vez a pedalar pela cidade. Ia sempre ao campo de pouso de Lunghua, e era convidado para entrar nas enormes aeronaves americanas de transporte, enfileiradas ao lado da pista. A sensação do poderio americano era impressionante. Também voltava sempre ao Campo de Lunghua. Pelo menos a metade dos prisioneiros ainda continuava por lá, dois meses depois do fim da guerra, sustentados pelos víveres lançados pelos aviões americanos. Eram cidadãos britânicos que não tinham uma casa para onde voltar, nem emprego ou fonte de renda, à espera de serem repatriados para a Inglaterra.

A atmosfera em Lunghua estava completamente mudada. Quando saltei da minha bicicleta nova, ao chegar ao portão, fui barrado por um antigo prisioneiro do Bloco D cujo filho havia sido um bom amigo meu no campo. Levava agora uma grande pistola americana no coldre, e imitava as atitudes de um policial militar. Fingiu não me reconhecer e se recusou a me deixar entrar. Tive que fazer toda uma pantomima para convencê-lo a lembrar--se de mim.

As famílias que permaneceram no Bloco G tinham ocupado os quartos vazios, e o cômodo dos Ballard fora transformado em depósito das provisões lançadas de avião. As extremidades dos corredores estavam bloqueadas, e as pessoas de fora não eram mais bem-vindas. Durante uma das minhas visitas, um B-29 que lançava suprimentos errou o alvo e os paraquedas coloridos foram cair em um arrozal a cerca de um quilômetro do campo. Depois de um minuto um grupo de internos, alguns armados com rifles, saiu correndo em direção aos paraquedas flutuantes. Observei à distância e vi o violento confronto entre eles e um punhado de camponeses miseráveis, que tentavam arrastar um latão de víveres para sua aldeia. Desnecessário dizer que nem passava pela cabeça dos internos que a China lutou do nosso lado contra os japoneses, e que seus cidadãos desesperados eram ainda mais merecedores de auxílio.

Mais tarde, na Inglaterra, ouvi dizer que muitos internos ainda continuavam vivendo em Lunghua seis meses após o fim da guerra, sempre defendendo suas provisões de Spam, Klim e cigarros Lucky Strike.

De certa forma eu sentia falta do campo, e das centenas de pessoas de todas as idades que conheci ali. Sentia saudade dos jogos de xadrez, dos marinheiros americanos e das meninas adolescentes ensinando umas as outras a flertar. Sentia-me mais à vontade lá do que no número 31 da avenida Amherst. A prisão, que tanto confina os adultos, oferece possibilidades ilimitadas à imaginação de um garoto adolescente. No momento em que eu punha os pés para fora da cama pela manhã, enquanto minha mãe dormia embaixo do mosquiteiro rasgado e meu pai tentava fazer um pouco de chá para ela, havia uma centena de possibilidades à minha espera.

Pelo menos Shanghai ia ganhando vida novamente, com centenas de militares americanos que enchiam os bares e boates e circulavam pelas ruas em seus jipes e caminhões. Surgiram os *pedicabs*, grandes triciclos com lugar para dois passageiros, pedalados por antigos puxadores de riquixás, quase sempre levando atrás dois americanos e suas namoradas russas ou chinesas. Sob o comando de meu pai, a China Printing recomeçou a fabricar artigos de algodão de que o Extremo Oriente necessitava desesperadamente. Um fato bizarro é que ainda havia guardas japoneses armados, sob as ordens dos americanos, vigiando locais importantes de Shanghai — da mesma forma como os franceses, quando recuperaram o controle da Indochina, utilizaram divisões militares japonesas em suas batalhas contra as forças do Vietminh, precursoras dos vietcongues.

Eu sabia que iria para a Inglaterra com minha mãe e minha irmã, em um dos navios de transporte de tropas que estavam repatriando os internos britânicos, e sabia também que iria para uma escola na Inglaterra; mas nunca imaginei que iria romper de vez com Shanghai e não voltaria para lá nos próximos 45 anos. Ninguém fazia a menor ideia de que as luzes da cidade ficariam apagadas durante décadas, quando os comunistas de Mao Tse-Tung tomaram o controle do país. Todos os ocidentais de Shanghai tinham certeza de que a autodisciplina e o puritanismo dos comunistas chineses desapareceriam assim que eles descessem dos tanques e entrassem nos bares e bordéis do centro da cidade.

No final de 1945, embarquei com minha mãe e minha irmã Margaret no ss *Arrawa* e partimos para a Inglaterra. O *Arrawa* era um antigo cargueiro refrigerado, utilizado para transporte de tropas durante a guerra, e havia quilômetros de tubos de refrigeração passando pelo convés e pelos porões. Cerca de mil internos britânicos subiram a bordo, e uma multidão veio despedir-se no píer de Hongkew. Amigos e parentes que ficavam para trás, enfileirados no píer, davam adeus enquanto o navio seguia para o rio Huangpu, cercado por dezenas de embarcações americanas tocando as sirenes. Minha mãe e minha irmã se postaram na amurada no meio do navio, mas fui para popa para ficar só. No último minuto, meu pai, lá embaixo, virou-se para acenar para mim e, por algum motivo que nunca entendi, decidi não responder ao gesto. Creio que ele deve ter pensado que eu o perdi de vista; mas sempre me arrependi de não ter acenado para ele. Exceto por uma visita que ele fez à Inglaterra em 1947, quando viajamos de carro pela Europa, só fui vê-lo de novo em 1950. Nessa época já tínhamos nos distanciado, e ele não exerceu nenhuma influência nas muitas decisões que tomei em relação à minha futura carreira.

A viagem foi, de certa forma, como uma versão marítima dos nossos primeiros dias em Lunghua — todos em trajes de banho, enquanto rumávamos para Cingapura e o equador. Fizemos uma parada rápida em Rangoon, e o capitão nos avisou que um destacamento de trinta comandos britânicos subiria a bordo, alertando as mães das meninas adolescentes para que tomassem cuidado. Esses homens violentos, implacáveis, tinham lutado contra os japoneses e representariam perigo para qualquer jovem inglesa que encontrassem pela frente.

Eu e meus amigos ficamos em ansiosa expectativa, aguardando o desenrolar dos acontecimentos. Os comandos embarcaram — jovens bem armados, com rostos tipicamente ingleses, queimados de sol. Guardaram então seus revólveres no depósito de armamentos e foram direto para o bar do convés superior, onde passaram o resto da viagem. Todas as manhãs, ao chegar, cada um comprava dez cervejas no balcão e as levava para as mesas, que ficavam completamente tomadas pelas garrafas. Reclinados nas poltronas de couro, passavam o resto do dia bebendo, raramente trocando palavra com os companheiros, e sem dar a menor atenção às adolescentes inglesas que vinham sorrir para eles.

Isso me impressionou profundamente, e até hoje me impressiona. Eu e meus amigos vínhamos lhes perguntar sobre as ferozes batalhas que travaram contra os soldados japoneses, muitos destes famintos e suicidas, mas os ingleses relutavam em falar. Uma vez ou outra elogiavam algum companheiro que morrera ao lado deles, repelindo um ataque das baionetas japonesas. Quando atracamos em Southampton, eles voltaram à vida — pegaram suas armas e foram-se embora em um passo animado, sem lançar um único olhar para trás. Isso também me impressionou. Alguns eram apenas dois ou três anos mais velhos que eu. Já tinham visto a morte avançar contra eles, armada de baioneta e granada, e tinham conseguido lutar contra ela e vencê-la.

PARTE II

11. Um murro no queixo (1946)

O inverno me deixou entorpecido, e a Inglaterra, congelado.

O *Arrawa* aportou em Southampton sob um céu tão frio, tão baixo e tão cinzento que eu mal conseguia acreditar que essa era a tal Inglaterra, sobre a qual eu tanto havia lido e de que tanto ouvira falar. Pessoas baixinhas, de cara amassada, andavam pelo cais, vestidas com roupas surradas e com um ar de quem está sendo perseguido por algum fantasma. Olhando da amurada lá para baixo, notei que nas ruas perto das docas havia fileiras de coisas negras que pareciam ser carrinhos de bebê — provavelmente um tipo de carrocinha para levar carvão, pensei, usado nas fornalhas dos navios. Depois fiquei sabendo que eram carros ingleses (fabricados antes da guerra), um tipo de veículo que eu nunca havia visto.

Dali partimos para Londres e em seguida para West Bromwich, onde conheci meus avós. Nossa desconfiança mútua foi instantânea. Depois de mais ou menos um mês, entrei na escola — The Leys School, em Cambridge, como aluno interno, e minha mãe alugou uma casa em Newton Ferrers, a uns quinze quilômetros de Plymouth, perto de onde moravam alguns amigos nossos de Shanghai. Passei as férias de Natal com ela, mas em 1947 ela regressou a Shanghai com minha irmã e meu pai, e durante o ano seguinte passei todas as minhas férias com meus avós em West Bromwich — o ponto mais baixo da minha vida até então, vários quilômetros abaixo do nível do mar da saúde mental. Espero ter sobrevivido, apesar de que nunca tive certeza absoluta. Em 1949 minha mãe voltou à Inglaterra com minha irmã e alugou uma casa em Aldwick Bay, a oeste de Bognor. Depois que meu pai conseguiu escapar da China, quando eu já estava no King's College, em Cambridge, eles se mudaram para Manchester. Ao sair da Calico Printers Association, meus pais compraram uma casa em Claygate, perto de Esher, e no início dos anos 1960 os dois se aposentaram em New Forest.

Minhas primeiras impressões da Inglaterra permaneceram vívidas na minha mente durante muitos anos. Podem parecer desnecessariamente hostis, mas não são diferentes da impressão que a Inglaterra causou em incontáveis soldados americanos, assim como nos estudantes americanos e canadenses que conheci em Cambridge. Mesmo levando em conta a longa e exaustiva guerra que acabava de terminar, a Inglaterra parecia depredada, lúgubre, meio arruinada. A cidade de Southampton, que me recebeu quando desci pela prancha de desembarque com minha mala na mão, sofrera pesados bombardeios, e consistia sobretudo de montões de entulho, com poucos sinais de habitação humana. Grandes partes de Londres e da região de Midlands não passavam de vastos terrenos baldios arrasados pelas bombas aéreas, e os poucos edifícios que continuavam em pé estavam arruinados e desmantelados. Londres e a região metropolitana de Birmingham, tal como as outras cidades grandes, foram construídas no século XIX, e tudo parecia estar caindo aos pedaços há muitos anos sem uma nova mão de tinta, mais parecendo um enorme local de demolição. Poucos edifícios datavam dos anos 1930, apesar de que nunca visitei os vastos bairros londrinos que sobreviveram à guerra praticamente intactos. Caía uma garoa incessante, e o céu era cinzento como pedra. Uma fuligem negra pairava sobre as ruas, vinda de dezenas de milhares de chaminés. Tudo era sujo e encardido, até o interior dos ônibus e dos vagões de trem.

Vendo os ingleses ao meu redor, era impossível acreditar que essas mesmas criaturas tinham ganhado a guerra. Eles se comportavam como uma população derrotada. Escrevi em meu livro *A bondade das mulheres* que os ingleses falavam como se tivessem vencido a guerra, mas agiam como se a tivessem perdido. Era bem claro que estavam exaustos, e pouco esperavam do futuro. Tudo era racionado — a comida, a roupa, a gasolina — ou simplesmente impossível de se obter. As pessoas andavam nas ruas como um rebanho, formando filas para tudo. Os talões de racionamento e os cupons para roupas tinham importância suprema, e todos os contavam e recontavam e se preocupavam com eles ininterruptamente, apesar de não haver quase nada nas lojas para se comprar. Sair em busca de algumas lâmpadas era uma caçada que poderia podia levar um dia inteiro. Tudo era extremamente mal projetado — a casa dos meus avós, uma mansão de três andares, tinha apenas um ou dois pequenos aquecedores elétricos e uma lareira a carvão. A maior parte da casa era gelada, e dormíamos embaixo de enormes edredons, como expedicionários perdidos no Ártico enfiados no seu equipamento de sobrevivência, com o ar gélido nos deixando o rosto amortecido, e a respiração formando nuvens bem visíveis na escuridão.

E o mais importante — a própria esperança era racionada, e o espírito da população estava alquebrado. A única esperança vinha dos filmes de Hollywood, e longas filas, com frequência avançando com quatro pessoas de cada vez, se formavam à porta dos enormes cinemas Odeon e Gaumont que tinham sobrevivido aos bombardeios. As pessoas que esperavam na chuva para conseguir suas duas horinhas de *glamour* hollywoodiano eram dóceis e resignadas. A impressão dada pelos noticiários que tínhamos visto em Shanghai, com multidões confiantes celebrando o Dia da Vitória na Europa e o Dia da Vitória no Japão, não foi confirmada, nem remotamente, pelas pessoas encolhidas, de ombros curvos, amontoadas sob a garoa na porta dos cinemas — a única diversão além dos programas de rádio da bbc, dominados por comediantes ingleses malucos (*ITMA*, totalmente incompreensível), ou *Workers' Playtime* (a alegria forçada dos operários das fábricas).

Levou muito tempo para esse estado de espírito desaparecer, e o racionamento de comida continuou até os anos 1950. Mas havia sempre um racionamento indireto, pelo simples fato de que muita coisa era impossível de se obter, e também o racionamento, muito mais perigoso, de qualquer tipo de crença em uma vida melhor. O país inteiro parecia caído em profunda depressão. O público se sentava, com suas capas de chuva molhadas, nos cinema enfumaçados, assistindo aos noticiários que mostravam a imensa pompa da família real, as multidões exibindo uma alegria agressiva em algum novo acampamento de férias, ou o triunfo de algum novo recorde de velocidade aérea ou terrestre, agora que a Grã-Bretanha começava a ser líder mundial em tecnologia. É difícil imaginar como seriam as condições se tivéssemos perdido a guerra.

Percebi bem depressa que aquela Inglaterra que me foi inculcada pela minha educação — a dos livros de A. A. Milne, *Just William*, o almanaque *Chums* — era uma fantasia. A classe média inglesa tinha perdido a autoconfiança. Até os amigos de meus pais relativamente abastados — médicos, advogados, altos executivos — levavam um padrão de vida muito modesto. Moravam em casas grandes, mas muito mal aquecidas, e tinham uma alimentação insossa e escassa. Poucos viajavam para o exterior, e seus privilégios do pré-guerra, como os empregados domésticos e o estilo de vida confortável que lhes era garantido por direito de nascença, estavam agora ameaçados.

Pela primeira vez eu via um grande número de pessoas da classe operária, com toda uma gama de sotaques regionais que exigiam um ouvido bem treinado para se compreender. Viajando em torno da área de Birmingham, ficava espantado ao ver como era deprimente a vida deles, com baixos salários, péssima escolaridade, moradia e alimentação. A meu ver eram uma vasta força de trabalho muito explorada, com uma vida não muito melhor que a dos operários das indústrias de Shanghai. Creio que ficou claro para mim, desde o início, que o sistema britânico de classes, que eu conhecia agora pela primeira vez, era um instrumento de controle político, e não uma pitoresca relíquia social. As pessoas de classe média, no fim dos anos 1940 até os anos 1950, viam a classe trabalhadora quase como se fosse uma espécie humana diferente, e se protegiam e se isolavam por trás de um complexo sistema de códigos sociais.

A maioria desses códigos eu tinha que aprender agora pela primeira vez — mostrar respeito pelos mais velhos, nunca ficar muito ansioso para fazer nada, aguentar as dificuldades sem reclamar, ter um comportamento decente para com os inferiores, submeter-se à tradição, ficar em pé ao ouvir o hino nacional, oferecer-se para liderar, ser modesto e assim por diante —, tudo isso calculado para criar uma sensação esmagadora de deferência e submissão. Decerto não eram essas qualidades que tinham feito de Shanghai uma grande cidade — nem tampouco as que conseguiram a vitória na Batalha da Inglaterra. Tudo na classe média inglesa girava em torno de códigos de comportamento que inconscientemente cultivavam uma mentalidade de segunda classe e baixas expectativas.

Com seu espírito de adoração aos antepassados, tudo aquilo de ficar em posição de sentido ouvir o "God Save the King", a Inglaterra precisava se libertar de si mesma e das ilusões mantidas pelas pessoas de todas as classes sociais sobre o lugar que o país ocupava no mundo. A maior parte dos adultos ingleses que eu conhecia acreditava sinceramente que tínhamos vencido a guerra sozinhos, com uma pequenina ajuda, que com frequência era até um estorvo, dos americanos e dos russos. Na verdade havíamos sofrido enormes perdas, estávamos exaustos e empobrecidos, e não tínhamos muito que esperar do futuro além da nossa nostalgia.

Será que deveríamos mesmo ter entrado na guerra em 1939, considerando que estávamos tão mal preparados? Basta ver como fizemos pouco para ajudar a Polônia, embora Neville Chamberlain tivesse se comprometido a ajudá-la quando declarou guerra à Alemanha. Apesar dos nossos esforços, da perda de tantas pessoas corajosas e da destruição das nossas cidades, a Polônia foi rapidamente tomada pelos alemães e se tornou o maior matadouro da história humana. Não teria sido melhor se a Grã-Bretanha e a França esperassem alguns anos, até que a Rússia conseguisse quebrar a espinha do poderio militar alemão? E o mais importante do meu ponto de vista — será que os japoneses teriam atacado Pearl Harbor se soubessem que teriam de enfrentar não só os americanos, mas também os franceses, ingleses e holandeses, com seus exércitos, suas marinhas e suas forças aéreas? O fato de que as três grandes potências coloniais tinham sido derrotadas ou neutralizadas pela Alemanha deve ter influído nos cálculos dos japoneses.

Em suma, será que os ingleses pagaram um preço terrível por um sistema de ilusões, um autoengano que era a base de quase tudo nas suas vidas? Essa pergunta parecia saltar das ruas desoladas e dos quarteirões bombardeados quando cheguei à Inglaterra pela primeira vez, e foi um ponto central da minha dificuldade para me estabelecer no país. Era uma pergunta que aumentava a perturbação que eu sentia ao tentar definir quem eu era, e me incentivou a me considerar, pelo resto da vida, uma pessoa fora do sistema, totalmente independente. É provável que por isso mesmo eu tenha me tornado um escritor dedicado a prever as mudanças e, se possível, provocar as mudanças. A Inglaterra precisava mudar — precisava desesperadamente. Eu sentia isso na época, e até hoje ainda sinto a mesma coisa.

THE LEYS (1946-49)

A vida em um colégio interno inglês foi parte da sequência de eventos estranhos que constituíram minha adolescência. Certa vez afirmei que The Leys me fazia lembrar o Campo de Lunghua, só que a comida era pior. Na verdade, segundo os padrões dominantes nos colégios particulares da Inglaterra, The Leys era liberal e progressista. Fora fundada em 1875 por ricos protestantes do norte do país, que desejavam para seus filhos a ética e a disciplina de uma escola tradicional, mas sem as bobagens e os cerimoniais ridículos da Igreja da Inglaterra. Quase todos os fundadores eram industriais, e davam firme apoio à ciência. O grande pavilhão das ciências em The Leys era notavelmente bem equipado, com excelentes laboratórios de física, química e biologia — tanto que achei risíveis os equipamentos desgastados e quebrados que encontrei mais tarde nos laboratórios da universidade. A escola tinha uma grande piscina, a única piscina coberta da cidade de Cambridge na época, e era sempre usada para eventos esportivos da universidade. Na escola os veteranos não atormentavam os calouros, e apesar de termos de ir à capela duas vezes por dia, com frequência o sermão de domingo era dado por leigos, às vezes até por cientistas conhecidos. A mensagem Metodista nunca era exagerada.

Outra vantagem é que a escola se localizava em Cambridge. Os colégios internos em geral viviam em uma redoma, isolados em seu mundo particular, mas The Leys ficava bem próxima do centro de Cambridge, aonde eu com frequência ia a pé. Isso era muito importante para mim, pois eu podia visitar amigos mais velhos, das turmas superiores, que já tinham entrado na universidade. Essas visitas me deram, desde cedo, o sabor da vida universitária, além do acesso a excelentes livrarias, publicações especializadas e revistas estudantis que eu nunca teria conhecido de outra forma.

E, acima de tudo, Cambridge tinha seu Cinema de Arte, onde vi praticamente todo o repertório de filmes franceses, italianos, suecos e alemães que passaram no país depois da guerra. Lembro-me de *Les enfants du paradis*, de Marcel Carné, uma maravilhosa brincadeira feita por colaboracionistas de guerra, chefiada por Arletty. Lembro-me dos filmes de Clouzot, *Le corbeau* e *Manon* (com a divina mulher-criança Cécile Aubry, que aparentava ter a mesma idade que eu e era impossível tirar da minha cabeça de garoto de dezessete anos); lembro de *Orfeu,* de Jean Cocteau, com outra artista "divina", María Casares, encarnando a Morte — e eu estava mais que pronto para morrer enquanto me recuperava no Copper Kettle, um café na King's Parade, antes de voltar para o refeitório da escola e enfrentar outra vez a torta de carne moída e o pudim; e lembro de *Os assassinos estão entre nós*, de Wolfgang Staudte, o primeiro filme revisionista alemão, poderoso, mas vazio.

Também gostava dos filmes americanos, especialmente os filmes B que formavam a segunda parte, menos importante, das sessões duplas. Estávamos no auge do cinema *noir* e eu saía escondido, nas nossas tardes livres, para ver tudo que os estúdios de Hollywood produziam. Devorei *Pacto de sangue* (Barbara Stanwyck me lembrava um pouco minha mãe e suas parceiras de bridge, mulheres desesperadas tentando sair de seu papel de donas de casa), e *Fuga do passado*, com Robert Mitchum; mas meus favoritos eram os filmes de crime e de gângster, feitos com baixíssimo orçamento. Em geral eram muito mais interessantes do que o filme principal do programa, que só servia para promover os astros e estrelas. A partir dos elementos mais simples — dois carros, um motel barato, um revólver, uma morena já meio desgastada — eles evocavam uma imagem dura e sem sentimentalismo de uma cidade arquetípica, o espaço psicológico que existia sobretudo na mente dos personagens.

Escrevendo meus contos nos momentos de lazer durante o estudo da noite, eu sabia que o cinema do pós-guerra apresentava um sério desafio para qualquer aspirante a escritor. O romance floresce nas sociedades estáticas, que o romancista pode examinar como um entomologista classificando as fileiras de borboletas na sua bandeja. Mas eu já havia passado por demasiadas coisas, assim como os outros garotos sentados nas carteiras ao meu redor, durante os anos de guerra. As contínuas reviravoltas tinham desfeito a vida familiar: os pais estavam no Oriente Médio ou no Pacífico, as mães haviam começado a trabalhar fora, assumindo responsabilidades que mudavam até a visão que tinham de si mesmas. As pessoas tinham lembranças de bombardeios aéreos, invasões em praias estrangeiras, horas intermináveis em pé, formando filas, esperando em estações ferroviárias de província — lembranças que eram impossíveis de transmitir para quem não experimentara tudo aquilo pessoalmente. Eu nunca falava sobre minha vida em Shanghai, nem sobre o internamento em Lunghua, nem mesmo para os meus melhores amigos. Haviam acontecido coisas demais, coisas impossíveis de digerir, até mesmo para aquela raça de romancistas. Mas eu persistia com meus contos breves, roendo meus ossos em busca do tutano.

Apesar das suas normas modernas, The Leys foi o modelo para o antiquado colégio mostrado no filme *Adeus, mr. Chips*, baseado em um romance escrito por um ex-aluno de The Leys, James Hilton (autor de vários best-sellers, como o romance de Xangrilá, *Horizonte perdido*). O personagem mr. Chips baseava-se em um professor chamado Balgarnie, uma figura familiar durante os anos que passei na escola. Quando Hollywood fez sua versão do romance, com Robert Donat no papel principal, escolheu como locação uma instituição vitoriana profundamente fechada, com seus muros cobertos de hera, campanários góticos e claustros vazios, muito distante do espírito de The Leys.

Na verdade, os professores do The Leys tinham uma mentalidade notavelmente aberta. Moravam na cidade, em Cambridge, muitos tinham servido na guerra, e nenhum desejaria trazer uma lágrima de sentimentalismo para os olhos dos alunos. O professor de inglês, que tinha mais acesso ao turbilhão que rodava na minha cabeça, nunca me censurou pelas ideias estranhas expressas nas minhas composições, que eram praticamente contos curtos, e me incentivou a ler de tudo, a adquirir o repertório mais amplo possível.

Quando entrei no curso de Ciências VI, aos dezesseis anos, já passava cada vez mais tempo na biblioteca da escola. O professor encarregado de orientação profissional supunha que eu entraria na Universidade de Cambridge, mas eu ainda não tinha certeza do que queria estudar. Meus pais estavam em Shanghai, e eu jogado ali sozinho. Meus avós eram tão remotos, tão distantes de mim como os empregados chineses da avenida Amherst, número 31. Com eles era impossível argumentar. Estavam obcecados com as iniquidades do governo Trabalhista, que acreditavam, sinceramente, ter dado um golpe militar para tomar o controle do país, usando os votos enviados pelo correio por milhões de militares ainda servindo no estrangeiro. Se eu fizesse o mais leve comentário elogiando o primeiro-ministro, Clement Attlee, meu avô fixava os olhos em mim em silêncio, com o rosto ficando de um cor-de-rosa vivo, e em seguida roxo. Contudo, em toda a sua volta havia a terrível pobreza da região industrial do país, o chamado "Black Country", com uma população das mais pobres da Europa Ocidental em termos de moradia e educação, gente que continuava, mesmo depois da guerra, dando o sangue para manter um império que jamais lhes trouxera o menor benefício. A atitude do meu avô era comum, e não se baseava tanto no sentimento de classe social como em uma resistência visceral às mudanças — qualquer mudança. A mudança era inimiga de tudo aquilo em que ele acreditava.

Eu passava os longos meses de férias escolares na casa deles, lendo sem parar, esboçando pequenos contos "experimentais", que em geral demonstravam que a experiência tinha fracassado, e indo aos cinemas de Birmingham. Eu gostava de ir à tarde, quando os vastos auditórios estavam quase vazios, e sentar na primeira fila, buscando a comunhão mais íntima possível com o mundo das telas de Hollywood. Eu evitava os filmes ingleses, com exceção de alguns poucos seletos — *Neste mundo e no outro*, uma fantasia póstuma em que um piloto "morto" volta à terra e encontra uma Inglaterra que ele mal reconhece — uma situação angustiosa com a qual eu me identificava totalmente; *O terceiro homem*, uma obra-prima que embora se passe em Viena, poderia muito bem se passar na Inglaterra (as ruas destruídas pelos bombardeios, o mercado negro, a atmosfera geral de derrota, as pessoas fazendo todo tipo de concessões, os paletós esporte, os bares deprimentes, que pareciam saídos diretamente de Earls Court); as maravilhosas comédias de Ealing, satirizando o sistema inglês de classes sociais, que todos aceitavam secretamente, por motivos que jamais compreendi.

Quanto mais eu conhecia a vida na Inglaterra, mais estranha ela me parecia, mas eu não sabia de que modo poderia evitá-la ao construir uma vida para mim. Os romancistas contemporâneos que eu lia me ofereciam pouca ajuda. Eu gostava de Evelyn Waugh e Graham Greene, Aldous Huxley e George Orwell, mas os romancistas ingleses eram demasiado "ingleses". Para me salvar da asfixia da vida inglesa, me agarrei aos escritores americanos e europeus, todo o cânone do modernismo clássico — Hemingway, John Dos Passos, Kafka, Camus, James Joyce, Dostoiévski. Provavelmente era uma completa perda de tempo. Eu li demais, cedo demais, muito antes de ter qualquer experiência da vida adulta: o mundo do trabalho, do casamento e dos filhos. Eu me concentrava no forte sentimento de alienação que dominava aqueles escritores, e pouca coisa mais. Meio perdido, tentava encontrar meu caminho em um parque de diversões escuro e lúgubre, onde as luzes nunca se acendiam.

Foi então que, aos dezesseis anos, descobri Freud e os surrealistas — uma sucessão de bombas que caíram bem na minha frente, destruindo todas as pontes que eu hesitava em atravessar.

As obras de Freud, assim como as de Jung, eram fáceis de se encontrar no fim dos anos 1940, o que não acontecia com as reproduções de quadros surrealistas. Muitas das primeiras pinturas que vi de Chirico, Ernst e Dalí me apareceram em livros sobre anormalidades psicológicas, ou em compêndios de filosofia moderna — dois assuntos muito em voga naqueles anos, depois de Bergen-Belsen e Hiroshima. Freud ainda era uma espécie de piada no mundo acadêmico; o professor encarregado dos novos alunos no King's College achou que eu estava sendo irônico quando falei da minha admiração por Freud. Os surrealistas ainda estavam a décadas de distância de conseguir alguma respeitabilidade por parte da crítica, e até mesmo os jornais sérios os tratavam como uma piada já velha e desgastada.

Nem é preciso dizer que essa rejeição só fazia aumentar meu interesse por Freud e pelos surrealistas. Eu acreditava firmemente, e ainda acredito, que a psicanálise e o surrealismo são uma chave para a verdade sobre a existência e a personalidade humana, e também uma chave para mim mesmo. Minha cabeça estava cheia de fragmentos mal digeridos de Kafka e Joyce, os existencialistas de Paris, os filmes italianos neorrealistas como *Roma, cidade aberta* — a grande maré do modernismo heroico, que se desenrolava contra o pano de fundo dos campos de extermínio nazistas e a ameaça crescente de uma guerra nuclear.

Tudo isso exercia pressão ao meu redor, mas eu estava enterrado em um lugarejo profundamente provincial — a Inglaterra do fim dos anos 1940. Entre os pintores, filósofos escritores e cineastas que eu admirava, poucos eram ingleses; ao mesmo tempo, percebi que eu próprio estava ficando cada vez mais inglês — para me relacionar mais facilmente com todos que eu encontrava. Ao chegar o ano de 1948, eu sabia que os comunistas sob o comando de Mao Tse-tung logo iriam se apossar de toda a China, e que eu jamais voltaria para Shanghai. O campo de Lunghua e o Assentamento Internacional seriam varridos do mapa. A Inglaterra agora era o meu lar, indefinidamente, e a fechadura fora trocada.

Mas o surrealismo e a psicanálise ofereciam uma rota de escape, um corredor secreto para um mundo mais real, repleto de significado, onde os papéis psicológicos sempre em mutação são mais importantes do que o "caráter" e o "personagem", tão admirados pelos professores e críticos literários ingleses, e onde as profundas revoluções da psique importam mais do que os dramas sociais da vida diária, triviais como uma tempestade em copo d'água — ou em uma xícara de chá.

O tom sereno e magistral de Freud, sua calma certeza de que a psicanálise é capaz de revelar a verdade completa sobre o homem moderno e suas insatisfações, me atraía poderosamente, em especial na ausência do meu próprio pai. Ao mesmo tempo os surrealistas, com sua rejeição da razão e da racionalidade, sua fé no poder da imaginação para refazer o mundo, ressoavam vigorosamente em meus esforços de escritor novato. Na época escrevi vários contos e fragmentos de romances incompreensíveis, mas que fariam sentido perfeitamente se fossem vistos como surrealistas.

Desde pequeno eu tinha jeito para desenhar, e no departamento de artes de The Leys fiz moldes de gesso do rosto de vários amigos (eu os chamava de "máscaras mortuárias", como as que foram feitas de Shelley, Blake, Napoleão e outros heróis). Quase asfixiei um colega quando o gesso demorou a endurecer e eu segurei seus braços para impedi-lo de arrancar aquela carapaça molhada do seu rosto. Mas, infelizmente, eu não tinha muita habilidade nem facilidade para a pintura, enquanto minha cabeça estava recheada de histórias e eu começava a sentir que tinha jeito para expressá-las.

Apesar dos meus esforços para me enquadrar, creio que eu era um tanto desajustado na escola — um jogador de tênis muito agressivo, mas capaz de perder um jogo de propósito, só para poder escapar e ver um novo filme francês no Cinema de Arte. Eu era introvertido, mas fisicamente forte, e sabia, pela minha experiência de guerra, que a maioria das pessoas foge quando encontra pela frente uma ameaça firme e decidida. Um colega me chamou de "brutamontes intelectual", o que não era propriamente um elogio, e os anos que passei em Lunghua me deram a tendência de prestar muita atenção aos pratos dos outros garotos no refeitório. Também tinha a tendência de defender meus argumentos sobre o existencialismo com o punho erguido.

Eu tinha alguns amigos mais chegados, um indiano que foi para Trinity estudar medicina um ano antes de mim, e um americano fazendo intercâmbio estudantil. Havia também um garoto chamado Frank que era sobrevivente de Auschwitz e tinha uma tatuagem bem visível no braço com seu número de prisioneiro. Fora adotado depois da guerra por um casal de Cambridge, um físico emigrado e sua esposa, e frequentava The Leys como aluno externo. No início não falava nada de inglês, mas era querido por todos. Eu me senti atraído por todos esses alunos porque eram estrangeiros; mas quando meus pais vieram de Shanghai em visita e minha mãe abriu a porta do seu novo Buick e desceu, vestida na última moda de Nova York, pensei comigo, com bastante espírito crítico, que eles não pareciam nem um pouco ingleses. Nesse momento percebi que isso mostrava o quanto eu já estava me tornando inglês, apesar de todos os meus esforços. A camuflagem sempre imita o alvo.

Na Sexta Série Superior passei no vestibular para o King's College e tive uma reunião com o orientador dos novos alunos. Tinha me matriculado no curso de psicologia, mas na época a psicologia não era uma faculdade independente em Cambridge, e ele disse que eu teria que entrar na filosofia, a qual continha um pequeno elemento de psicologia. Ele me perguntou: "O que você quer fazer quando se formar?". Quando respondi que meu verdadeiro interesse era a psiquiatria, ele disse que primeiro eu teria que me formar em medicina. Eu tinha interesse pela medicina, que me parecia fazer fronteira com a psicologia das anormalidades e o surrealismo; assim, concordei na mesma hora — talvez não a decisão mais sábia a longo prazo. Meus pais, naturalmente, ficaram felicíssimos. Em outubro de 1949 mudei da Trumpington Street para o King's College, um quilômetro mais adiante, e iniciei meus estudos de anatomia, fisiologia e patologia.

Quando deixei The Leys pela última vez, ao entrar no mundo como adulto, sentia mais confiança no futuro do que jamais havia sentido desde a minha chegada à Inglaterra. Nos últimos dois anos de escola eu li muito, e fiz intermináveis experiências com meus contos e histórias, que iam se tornando cada vez mais impossíveis de ler; e com meus estudos de biologia encontrara até um laivo de misticismo científico na minha imaginação. Estava feliz com a perspectiva de me tornar psiquiatra, e sabia que eu já tinha meu primeiro paciente — eu mesmo. Tinha plena consciência de que meus motivos para estudar medicina se deviam à forte influência das minhas lembranças de Shanghai do tempo da guerra, e pelos horrores da guerra na Europa expostos ao mundo nos julgamentos de Nuremberg. Os chineses mortos que eu vira quando criança ainda jaziam com a cara na lama em suas trincheiras, dentro da minha mente — um feio e tenebroso mistério que precisava ser resolvido.

A fé na razão e na racionalidade, que dominava o pensamento do pós-guerra, me parecia irremediavelmente idealista, tal como a ideia de que o povo alemão fora levado pelo mau caminho por Hitler e os nazistas. Eu tinha certeza de que as incontáveis atrocidades na Europa do Leste ocorreram porque os agressores alemães sentiam prazer no assassinato em massa, assim como os japoneses sentiam prazer em atormentar os chineses. A razão e a racionalidade não conseguiam explicar o comportamento humano. O ser humano muitas vezes é irracional e perigoso, e a psiquiatria é uma disciplina que diz respeito tanto aos saudáveis como aos insanos.

Meu último ato em The Leys, uma semana antes de sair, aconteceu na cozinha, no porão da casa B Norte, quando eu esfolei e fervi um coelho. Tinha decidido expor o esqueleto, recompô-lo com arame e usá-lo como mascote e ornamento de mesa. Com isso enchi o edifício inteiro de um vapor com um cheiro desagradável, fortíssimo. O professor que administrava a casa desceu para me interromper, mas recuou quando viu que eu estava envolvido em uma intensa missão própria. Por que o esqueleto de coelho era tão importante, isso não consigo lembrar.

Shanghai ainda era muito próxima para mim, e as bases aéreas americanas em torno de Cambridge me despertavam as lembranças constantemente, assim como os americanos da força aérea que frequentavam os bares e cinemas com suas namoradas inglesas. Eu me sentia muito atraído pela aviação, e ainda via os B-29 passando bem devagar acima de Lunghua, soltando seus paraquedas coloridos como brinquedos jogados para crianças desesperadas. Certa vez passei pela cerca em torno de um campo de aviação britânico e entrei discretamente em um hangar protegido por uma faixa de terra. A segurança era fraca; não havia ninguém das equipes de serviço. Ali estava um bombardeiro quadrimotor com trem de pouso de três rodas — provavelmente um Liberator. Consegui me esgueirar pela escotilha meio aberta e sentei na cabine de comando rodeado de toda aquela barafunda de equipamentos.

Hoje eu teria sido preso, mandado para um centro de detenção infantil, examinado por psicólogos, enviado para um tribunal juvenil, tratado como uma pessoa disfuncional e até mesmo um membro perigoso da sociedade. Na verdade eu não tinha mexido em nada, nem estragado nada — apenas quis enxergar um sonho, espiando por uma janelinha. Eu achava que a Inglaterra era profundamente reprimida e estava pronta para deitar em um divã de analista, mas tinha plena consciência das minhas próprias falhas. Gostava de pensar que era um sujeito sem raízes, mas provavelmente era tão inglês como alguém poderia ser, e não ter raízes era uma tremenda desvantagem. Eu estava fechando a cortina sobre a minha vida passada, aceitando o fato de que nunca voltaria para Shanghai e teria que construir uma nova vida na Inglaterra, com tudo que isso traz consigo.

12. *Cambridge blues* (1949)

Ao contrário dos "subgraduados" — nunca chamados de "alunos" ou "estudantes", mais um dos incontáveis anacronismos do colégio —, eu já conhecia Cambridge muito bem quando entrei no King's College. Conhecia os cafés e as livrarias, já tinha remado no rio Cam, conhecia bem várias faculdades, especialmente a Trinity, já fora várias vezes ao chá dançante no Dorothy's, ao Cinema de Arte e à cinemateca, onde assisti a todos os clássicos do pré-guerra, como *A concha e o clérigo*, considerado o primeiro filme surrealista, e os filmes de Dalí, *Um cão andaluz e L'Age d'Or*.

Isso tudo tinha suas vantagens e desvantagens. Não havia a menor chance de que eu ficasse impressionado com impacto visual das faculdades, a presença gótica da capela do King's College e a beleza de toda aquela área, chamada "Backs", com suas antigas universidades. Continuei cortando o cabelo nos mesmos barbeiros, e comprando sapatos nas mesmas sapatarias. Se tivesse visto Cambridge pela primeira vez em 1949, poderia ter absorvido mais da cidade. De certa forma, já estava pronto para sair de lá assim que cheguei — longe de ser uma situação ideal.

Por outro lado, eu podia me concentrar nos aspectos importantes de Cambridge — as faculdades de medicina e ciências — e ignorar tudo que fosse relacionado com a famosa "herança e tradição" de Cambridge, que já hipnotizou várias gerações de pais. Quantos sacrificaram toda a sua energia e ambição para conseguir colocar os filhos atrás daqueles sacrossantos muros góticos! Há muito tempo esse é um dos piores desperdícios gerados pelo esnobismo dos ingleses. Acredito firmemente que Oxford e Cambridge deveriam se dedicar apenas à pós-graduação, matando de uma vez essa absurda corrida pelo status, e ao mesmo tempo beneficiando todas as outras universidades.

Na realidade existem duas cidades de Cambridge — uma, a das faculdades de história, física, arqueologia etc., onde há pesquisa, aulas, preleções e trabalhos de laboratório, e os *colleges*, verdadeiros clubes residenciais que oferecem uma péssima comida, muito pouco ensino, com frequência de má qualidade, e a maioria dos mitos sobre o estilo de vida de Cambridge. Fiquei muito feliz com a primeira, e morria de tédio com a segunda.

Passei dois anos estudando anatomia, fisiologia e patologia. O ensino que recebi foi esplêndido, as preleções, lúcidas e inteligentes, e os professores que davam aulas práticas de anatomia e aplicavam os testes eram todos médicos bem qualificados, especialistas em cirurgia. A anatomia incluía a dissecação detalhada das cinco partes em que se divide o corpo humano. A fisiologia e patologia consistiam, sobretudo, do exame de slides ao microscópio; mas a anatomia era um processo que ficava inteiramente a cargo da iniciativa do aluno, e exigia horas de dedicação e paciência. A sala da dissecação, chamada "DR" (Dissecting Room), era o centro de gravitação dos estudos médicos. Se não houvesse mais nada acontecendo, íamos até o DR. Cada um vestia sua jaqueta branca, pegava a parte do corpo que já estava dissecando — fosse perna, braço ou cabeça e pescoço — e começava a trabalhar, tendo ao lado o manual de dissecação de Cunningham (nunca a *Anatomia* de Gray), cujas páginas logo ficavam manchadas de gordura humana.

Antes da nossa primeira visita ao DR, éramos recebidos pelo professor Harris, chefe da cadeira de anatomia. Ótimo professor, que nos dava muita inspiração com suas palestras, era filho de uma modesta família do País de Gales. Como Harris e seu irmão estavam decididos a serem médicos e a família não tinha condições de mandar os filhos para a universidade, o irmão mais novo trabalhou seis anos para sustentar o mais velho e pagar a escola de medicina. Depois de formado, este, por sua vez, sustentou o irmão mais jovem por mais seis anos, até que por fim os dois se formaram. Em suas preleções, que abrangiam os tópicos mais variados, Harris deixava clara sua fé na nobre profissão da medicina, com a anatomia bem no centro, e nunca duvidei dele, nem por um momento.

No fim de sua palestra inicial, Harris nos advertiu que alguns alunos não aguentariam ver os cadáveres esperando pela dissecação nas mesas com tampo de vidro. Entrar naquela estranha câmera de teto baixo, parecendo meio boate, meio abatedouro, era uma experiência que exigia coragem. Os cadáveres, de um verde amarelado pelo formol, estavam nus, deitados de costas, com a pele coberta de cicatrizes e contusões, e mal pareciam humanos, como se tivessem acabado de sair de uma *Crucificação* de Grünewald. Vários alunos do meu grupo desistiram, incapazes de suportar a visão desses primeiros corpos mortos; eu não desisti, mas também para mim a dissecação foi uma experiência fortíssima.

Quase sessenta anos depois, continuo achando que meus dois anos de anatomia foram dos mais importantes da minha vida, e contribuíram para dar uma estrutura organizada para a minha imaginação. Em Shanghai, tanto antes como durante a guerra, eu já tinha visto muitos e muitos cadáveres, alguns bem de perto, e como todo mundo, tratei de neutralizar minha reação emocional dizendo a mim mesmo: "Tudo isso é muito triste e lúgubre, mas infelizmente faz parte da vida". Imagino que os policiais e bombeiros, médicos, paramédicos e enfermeiros também tenham uma reação assim. Mas eles pelo menos estão absolvidos de qualquer sensação de culpa ou responsabilidade. Mesmo quando criança, em Shanghai, eu sabia que alguma coisa ali estava errada. Os cadáveres que eu via, e mesmo (indiretamente) as vítimas da fome e da doença, tinham sido assassinados por alguém, e eu, na minha mente infantil, me sentia também um pouco responsável.

Agora em 1949, apenas alguns anos depois, lá estava eu dissecando seres humanos mortos, afastando as camadas de pele e de gordura para chegar aos músculos embaixo, depois separando os músculos para revelar os nervos e os vasos sanguíneos. De certa forma estava autopsiando por minha conta todos aqueles chineses mortos, jogados na beira da estrada, que eu via no meu caminho para a escola. Estava realizando uma espécie de investigação emocional, até mesmo moral, no meu próprio passado, enquanto descobria o vasto e misterioso mundo do corpo humano.

A cada semestre começávamos a trabalhar em um novo cadáver — cinco duplas de alunos, cada uma dissecando uma parte do corpo. Uma dupla separava a sua parte do cadáver e continuava a dissecá-la ao longo do semestre. Quando o DR estava fechado, guardávamos nossa parte em um dos grandes armários de madeira — um deles cheio de cabeças, outro de pernas e assim por diante. Vendo aquela pilha de cabeças, os rostos com dentes expostos, era difícil não pensar nos noticiários sobre Dachau e Bergen-Belsen que continuavam a ser mostrados nos cinemas quando vinham à luz novos relatos das atrocidades nazistas.

Em 1949, os cadáveres no DR em geral eram de médicos que tinham legado o corpo para a dissecação, pensando na próxima geração de estudantes. Esse ato de altruísmo era um tributo notável ao espírito desses médicos já mortos, que sabiam que no final do semestre estariam reduzidos a um monte de ossos e cartilagens destinado ao incinerador. Certa vez, procurando um assistente de laboratório, entrei na sala de preparação ao lado do DR, no último dia do semestre. Encontrei uma grande mesa com dez ou doze travessas metálicas, cada uma com seu rótulo, contendo os restos mortais dos médicos que haviam doado seus corpos — um misterioso banquete no qual eu também tomara parte. Eu senti, e continuo sentindo, que de certa forma eles transcenderam a morte, ainda que brevemente, continuando um pouco vivos quando o último alento de sua identidade emergia entre os dedos dos alunos.

Embora fossem identificados apenas por números, cada cadáver parecia ter uma personalidade distinta — a compleição física geral, os ossos do contorno do rosto aparecendo pela pele, reafirmando sua primazia, e mais as cicatrizes, as manchas, as anomalias estranhas, como um terceiro mamilo ou dedos extras nos pés; e ainda vestígios de operações, tatuagens, marcas inexplicáveis — toda a história de uma vida escrita na pele, principalmente nas mãos e no rosto. Dissecar o rosto, revelar as camadas de músculos e nervos que geravam as expressões e as emoções era uma maneira de penetrar na vida pessoal desses médicos mortos, e quase trazê-los de volta à vida.

Havia um só cadáver feminino, uma mulher de queixo quadrado, de meia-idade ou mais, cuja cabeça calva rebrilhava sob as luzes fortes. A maioria dos alunos homens mantinha distância dela. Nenhum de nós jamais vira uma mulher nua da idade das nossas mães, fosse viva ou morta, e havia um certo ar de autoridade no rosto dela — talvez fosse uma ginecologista ou médica geral graduada. Eu me sentia atraído por ela, mas não pelas razões sexuais óbvias; seus seios tinham afundado no tecido gorduroso do peito, e muitos alunos assumiam que se tratava de um homem.

Mas eu ficava intrigado com as pequenas cicatrizes nos seus braços, com os calos nas mãos, que provavelmente ela trazia desde a infância, e tentava reconstruir a vida que ela havia levado, seus longos anos como estudante de medicina, seus primeiros casos amorosos, o casamento e os filhos. Certo dia encontrei sua cabeça, já dissecada, guardada no armário junto com as outras cabeças. As camadas expostas dos músculos do rosto eram como as páginas de um antigo livro, como um baralho de cartas esperando para ser novamente embaralhado e começar outra vida.

E durante todo esse tempo de curso, dentro de uma caixa de madeira embaixo da minha cama no King's, dormiam os ossos de um camponês do Extremo Oriente, um homem de pequena estatura que no passado plantava arroz, fumava seu cachimbo à noite e via seus netos crescerem. Depois da morte seu corpo fora fervido e reduzido àqueles ossinhos brancos, depois vendidos a um estudante de medicina inglês que certa vez ferveu um coelho até que só sobraram os ossinhos brancos. Esse esqueleto, dentro da mesma caixa de pinho, provavelmente já serviu de guia a várias gerações de alunos de Cambridge, que sentaram à sua mesa de trabalho explorando suas costelas, sua pélvis, tateando para sentir os ossos do crânio, como se estivessem montando a antiga couraça de uma alma. Pacientemente, o homenzinho continua a viver.

Meus anos passados na sala de dissecação foram importantes porque me ensinaram que, embora a morte seja o fim, a imaginação e o espírito humano são capazes de triunfar sobre a nossa dissolução. De certa forma, toda a minha obra de ficção consiste na dissecação de uma profunda patologia que presenciei em Shanghai, e mais tarde no mundo do pós-guerra — desde a ameaça de uma guerra nuclear ao assassinato do presidente Kennedy, da morte da minha esposa até a violência que se tornou a base da cultura de entretenimento nas últimas décadas do século xx. Ou quem sabe, meus dois anos na sala de dissecação foram uma maneira inconsciente de manter Shanghai viva, por outros meios.

Seja como for, quando terminei o curso de anatomia já tinha realmente completado meu período de estudos em Cambridge. A escola me forneceu um enorme estoque de recordações, de sentimentos misteriosos por aqueles médicos já falecidos que, de certa forma, tinham vindo em meu auxílio, e um vasto repertório de metáforas anatômicas que acabaram permeando toda a minha obra de ficção. As horas na sala de dissecação eram reforçadas com as palestras sobre anatomia e minhas longas leituras na biblioteca de anatomia. Ali fiz amizade com o bibliotecário assistente, um polonês emigrado que servira no exército de seu país e fugira para o Ocidente através do Iraque.

Em comparação, a vida em um *college* parecia um desfile pitoresco, totalmente folclórico. Enquanto as faculdades de ciências em Cambridge tinham forte orientação para o futuro (basta lembrar Rutherford e Cavendish, Crick/Watson e o DNA, Sanger e outros cientistas), os *colleges* se voltavam para o passado. O King's era dominado pela capela e os eventos musicais em torno dela. O reitor era um classicista, verdadeira paródia do professor excêntrico. No refeitório tínhamos que ouvir uma longa oração de graças em latim que ainda sei de cor, e sentar em bancos para comer refeições execráveis. Também precisávamos usar a toga depois do anoitecer, e andar nas ruas de Cambridge sempre sob a vigilância de um inspetor e seus "buldogues" (seus ajudantes de chapéu coco). Era obrigatório voltar às dez horas, ou mesmo antes. Esses colégios, que começaram como fundações religiosas, tinham se transformado em instituições particulares bizarras, onde o papel de crianças manhosas era feito pelos adultos, e o papel de adultos pelos estudantes. Os alunos franceses e americanos que eu conhecia achavam tudo isso um mistério. Para mim tudo aquilo era bem triste, e bem típico da Inglaterra da época.

Um defeito desse sistema de colégios isolados é que é difícil fazer amigos nos outros colégios. Não havia mais que nove ou dez alunos de medicina no King's nos meus três anos de estudo, e tive que fazer amizade com alunos de outros cursos. Um ex-aluno de King's que conheci foi Simon Raven, que eu sempre encontrava no Copper Kettle depois do jantar. Muitos anos depois ele me contou que gostou muito dos seus tempos no King's College. Mas Raven tinha uma vida homossexual ativa, e o King's era um colégio abertamente homossexual — famosa *alma mater* de Maynard Keynes e E. M. Forster, com fortes vínculos com o pintor Duncan Grant e o Grupo de Bloomsbury. Alguns anos antes, vários professores graduados tinham chegado bem perto de serem processados por "ofensas" contra o pequeno grupo de coroinhas (que usavam cartolas em miniatura e casacos curtos, estudavam na escola do King's de formação de coroinhas e vinham de trem todo dia). Os pais reclamaram e ameaçaram dar queixa na polícia, mas, segundo se dizia, seu silêncio foi comprado com os vastos cofres do colégio.

O colégio tinha uma ética homossexual, e um heterossexual como eu, que trazia suas namoradas (em geral enfermeiras do hospital Addenbrooke e outras jovens de espírito livre) era visto como um traidor, e também como alguém que fizera uma opção muito curiosa. Na época os alunos das escolas particulares não conheciam mulher alguma nos primeiros vinte anos de vida além da mãe e da matrona que tomava conta da escola —, com o resultado de que as mulheres em geral ficavam para sempre em uma zona de percepção morta (como se fossem listras verticais mostradas para gatinhos que só têm permissão de ver listas horizontais). Já conheci esposas de homens desinteressados pelas mulheres; elas suspeitavam de que eles fossem homossexuais reprimidos, mas provavelmente eram vítimas dessa privação tipicamente inglesa.

Sem ser por isso, eu me divertia como os outros alunos, remando no rio, jogando tênis, escrevendo contos e bebendo com as enfermeiras do hospital, que generosamente me ofereceram uma educação que nem mesmo a sala de dissecação poderia me dar. Eram moças interessantes, algumas com uma vida notavelmente suspeita (o que dizer das seringas que guardavam na gaveta do criado-mudo?), e eu gostava de todas elas.

Eu também, como todo mundo, assistia a muitos e muitos filmes. Gostava daqueles *thrillers* americanos bem barra-pesada, com sua expressiva fotografia em preto e branco e sua atmosfera melancólica, suas histórias de alienação e traição emocional. Eu já sentia que um novo tipo de cultura popular estava surgindo, que jogava com a latente psicopatologia do público e, na verdade, precisava mesmo evocar esse veio da psicopatologia para fazer efeito. O movimento moderno já demonstrara isso desde o início, na poesia de Baudelaire e Rimbaud, e o envolvimento voluntário do público em sua própria psicopatologia é quase uma definição de modernismo como um todo. No entanto, isso foi vigorosamente negado por F. R. Leavis e seu conceito do romance como uma crítica moral da vida. Fui assistir a uma palestra dele e achei que seu mundo era muito limitado. Lembro-me de dizer para o aluno de literatura inglesa que tinha me levado: "É mais importante assistir *T-Men* (um filme *noir* clássico) do que as palestras de Leavis". Na época parecia uma afirmação absurda, mas agora já nem tanto.

Encontrei rapidamente E. M. Forster em uma festa do King's. Já era velho, ou posava de velho de maneira convincente, e costumava passear no carro de um amigo pelas bases aéreas americanas. Ninguém parecia se dar conta de que aquele desfile nostálgico chamado Cambridge só era possível devido às frotas de bombardeiros americanos à espera nos campos silenciosos em torno da cidade.

* * *

No fim do meu segundo ano eu sabia que já tinha absorvido tudo que precisava absorver daquele curso de medicina. Meu interesse pela psiquiatria fora um caso bem claro de "Médico, cura a ti mesmo". Nunca tive vontade de caminhar pelos corredores de um hospital como médico residente, e colegas que já estavam mais adiantados, nos hospitais-escola de Londres, me advertiram que os anos de trabalho exaustivo iriam atrasar por pelo menos uma década meus planos de me tornar escritor. O *Varsity*, jornal semanal dos alunos, fazia todos os anos um concurso de contos, e em 1951 minha tentativa, um conto à la Hemingway chamado "Meio-dia violento", ficou empatado no primeiro lugar. O juiz, sócio de uma importante agência literária de Londres, A. P. Watt, elogiou minha história e me convidou para procurá-lo.

Para mim esse foi mais um sinal verde, e falei ao meu pai que queria desistir da medicina e tornar-me escritor. Ele ficou consternado, sobretudo porque eu não fazia a menor ideia de como levar a cabo esse projeto. Decidiu então que eu deveria estudar literatura inglesa — a pior preparação possível para uma carreira de escritor, como ele provavelmente suspeitava. Consegui entrar na London University, no Queen Mary College, e iniciei o curso em outubro de 1951.

Eu já tinha escrito diversos contos em Cambridge, influenciado por James Joyce, e já enviara alguns, sem sucesso, para a *Horizon* e outras revistas literárias. Os pintores surrealistas me davam uma profunda inspiração, mas não havia uma maneira fácil de traduzir o surrealismo visual em prosa, ou pelo menos em uma prosa que fosse legível. No fundo eu era um contador de histórias à moda antiga, com uma imaginação vívida, mas a imaginação à moda inglesa era muito próxima das fantasias extravagantes e antiquadas, e isso criava problemas que demorei muitos anos para resolver.

13. Um papa aos gritos (1951)

Gostei do ano que passei no Queen Mary College, feliz por me tornar finalmente um aluno, e não um "subgraduado". Tomava o metrô de Londres junto com gente que ia trabalhar, e quase conseguia imaginar que eu também estava trabalhando. Eu era um dos milhões de estudantes europeus que tinham ajudado a lançar revoluções e lutado contra a polícia nas ruas da Europa do Leste, um bloco detentor de poder político — algo inimaginável no caso dos subgraduados de Oxford e Cambridge. Foi um estudante, Gabrilo Princip, quem assassinou o arquiduque Ferdinando em Sarajevo, deflagrando assim uma guerra mundial. Em Cambridge, uma espécie de parque temático acadêmico onde eu fazia, com relutância, um papel de figurante, o único barulho que eu poderia causar seria caindo do barco no rio Cam.

Eu gostava de Londres, em especial da área de Chelsea, com seus bares de lésbicas e gente rica, amigos de amigos, que me levavam a boates caras como a Milroy e a Embassy, em Mayfair. As pessoas viviam no presente, e ninguém se preocupava com o valor do seu imóvel, nem com a decoração do apartamento. Tudo ainda era muito pobre e maltratado, e boa parte de South Kensington, onde aluguei um quarto em Onslow Gardens, continuava meio depredado. As pessoas viviam em apartamentos dilapidados, mas compravam suas roupas na Bond Street. Uma professora de inglês que morava lá perto, uma mulher de seus 40 anos, tinha um Allard conversível, um carro que me impressionava muito pelo estilo. Ela ia dirigindo até a Mile End Road, trajeto que hoje seria impossível. De vez em quando ela me dava carona, e enquanto avançávamos a toda pela City, às vezes ela tirava as duas mãos do volante e começava a discorrer sobre *Gammer Gurton's Needle* ou alguma outra obra quinhentista. Eu tinha a sensação de que minha vida podia dar uma guinada em qualquer direção, tanto de maneira figurativa como literal.

Eu também gostava da mistura social de alunos. Em Cambridge todo mundo era classe média, ou tentando ser classe média, ou tentando não ser. Na London University os alunos vinham de todas as origens possíveis, e tinham atitudes e pontos de vista muito diferentes em relação a tudo. No meu grupo havia uma freira que, para surpresa de todos, era livre-pensadora, apesar de usar o hábito completo, com chapéu e tudo. Havia vários ex-militares que decidiram conseguir um diploma universitário quando serviram na guerra. Tinham viajado pelo mundo todo. Um ou dois eram casados. Outro passou a infância inteira em lares adotivos; era dono de um bom humor agradável, mas em silêncio era antissemita. Eram todos inteligentes, o que não se podia dizer dos subgraduados de Cambridge, e já tinham ideias originais sobre o mundo. Quando mencionei que nasci na China e fui internado durante a guerra, eles reagiram da mesma maneira como reagiriam se eu dissesse que nasci em um barco pesqueiro no Mar do Norte, ou em um farol.

O curso de inglês era interessante, mas a ficção moderna não tinha lugar no currículo, e no fim do primeiro ano decidi abandonar o Queen Mary College. Minhas tentativas de escrever um novo romance experimental foram um completo fracasso. Eu precisava ficar longe das instituições acadêmicas, e precisava me libertar completamente da dependência financeira dos meus pais — um sentimento que com certeza era deles também. Os dois faziam forte oposição à minha decisão de me tornar escritor profissional, e eu achava essa hostilidade cansativa. Por meio de um amigo de Cambridge que trabalhava na agência de publicidade Benson's, em Kingsway (onde Dorothy Sayers já havia trabalhado, e era o local da escada em espiral que aparece em um de seus romances), encontrei um emprego de redator em uma pequena agência de publicidade londrina.

Tal como a maioria das pessoas que vão morar em Londres pela primeira vez, eu passava minhas horas livres visitando museus e galerias de arte, especialmente a National Gallery e a Tate Gallery, assim como as galerias comerciais na região de Bond Street. De vez em quando havia uma pequena exposição de novas pinturas surrealistas — lembro-me de Dalí, se não me engano na Galeria Lefevre, e uma exposição de novas obras de Magritte. Eram vendidas por preços notavelmente baixos, até mesmo os Dalí. Os surrealistas tinham perdido muito prestígio e atratividade depois da guerra. Sua imaginação delirante parecia dócil e moderada em comparação com os horrores dos campos de extermínio nazistas, e ninguém lhes dava crédito por terem antecipado as correntes patológicas da mente europeia que levaram Hitler ao poder. Havia poucos surrealistas na coleção da Tate, e embora eu me interessasse pela arte moderna como um todo, minha imaginação ficava indiferente ao cubismo e à arte abstrata, que me pareciam exercícios formais, confinados ao estúdio do artista.

Hoje me parece que as obras dos pioneiros do modernismo à mostra na Tate já começaram a perder seu brilho. Os revolucionários quadros de Picasso e Braque, Utrillo e Léger, Mondrian e

Kandinsky hoje parecem menores do que há cinquenta anos. As cores desbotaram, e sinto que carecem daquela imaginação afiada que me impressionou quando os vi pela primeira vez. Ao mesmo tempo, tenho que reconhecer que toda a minha maneira de reagir visualmente ao mundo se acendeu naquelas galerias de Millbank que eu tanto visitava quando tinha meus vinte e poucos anos. Na época, quando ia à Tate sempre virava à direita para ver as salas modernas, e nunca à esquerda para ver a arte britânica dos últimos quatro séculos. Eu admirava Turner porque me parecia antecipar os impressionistas, mas os pintores pré-rafaelitas, em especial Burne-Jones, me apresentavam um mundo sufocante e excessivamente imaginado, tão asfixiante como os livros infantis que eu lia quando criança e que me causavam tanta inquietação e mal-estar. Hoje meu senso de direção mudou: sempre que entro na Tate, logo viro à esquerda, nunca à direita.

É surpreendente que, em vista da minha paixão pelo novo, tenha passado incontáveis horas na National Gallery, onde com frequência ia todos os dias. Em uma coincidência tocante, minha futura companheira, Claire Walsh, na época Claire Churchill, também costumava visitar a National Gallery em suas andanças intelectuais pela cidade. Como eu gostaria de ter visto aquela garota de doze anos, superinteligente. Hoje as visitas às galerias de arte fazem parte do currículo de todas as escolas, mas no início dos anos 1950 até mesmo a National Gallery muitas vezes ficava deserta, e um visitante podia ficar sozinho em uma sala cheia de Rembrandts — um choque poderoso para a imaginação.

Tenho certeza de que o duradouro mistério das obras-primas renascentistas da National Gallery se devia, em boa parte, à ausência de textos explicativos, que hoje acabam com a estranheza e a poesia dos Velhos Mestres. Eu fitava a *Anunciação* de Crivelli, encantado com o pavão, os filões de pão e outros elementos incongruentes, o passante lendo um livro na pontezinha, e a Virgem

Maria na sua casa que mais parece um porta-joias. Eu era obrigado a usar a minha própria imaginação para costurar todos esses elementos e uni-los em uma narrativa, alguma linha mestra que fizesse sentido, em vez de ler uma extensa legenda na parede me informando solenemente que o pavão era símbolo da vida eterna. Que morra esse pensamento, e que se deixe a belíssima ave ser ela mesma — nada mais e nada menos do que ela mesma. O que poderia ser mais natural e mais misterioso do que um pavão e um filão de pão aparecerem na cena para comemorar o futuro nascimento do Salvador?

Anos mais tarde, visitando a Galeria degli Uffizi em Florença, diante de outra *Anunciação*, a de Leonardo, minha visão foi bloqueada por um enorme grupo de turistas japoneses. Fiquei pensando que conclusão eles haveriam de tirar de todas aquelas pinturas religiosas da Galeria, com homens alados se ajoelhando diante de jovens meio constrangidas. Alguns japoneses assistem à missa em latim, mas a maioria não sabe nada sobre os mitos cristãos, e essas pinturas devem ter lhes parecido totalmente surrealistas.

Foi então que percebi o que tinha me atraído para a National Gallery. Havia poucas pinturas surrealistas em exibição em Londres no início dos anos 1950. A técnica de impressão a cores ainda estava na infância, e era difícil encontrar livros ilustrados a preços acessíveis. Inconscientemente, eu tinha feito a única coisa que podia fazer — tinha transformado a National Gallery em um museu virtual de arte surrealista, e cooptado Leonardo, Rafael e Mantegna para se tornarem pintores surrealistas para meu proveito.

Em 1955 houve uma modesta exposição das pinturas de Francis Bacon no Institute of Contemporary Arts, seguido, em 1962, por uma retrospectiva muito maior na Tate Gallery, que foi uma revelação para mim. Continuo considerando Bacon o maior pintor do mundo do pós-guerra. Infelizmente, quando fui apresentado a ele, nos anos 1980, descobri, como muita gente antes de mim, que ele não tinha o menor interesse em receber elogios nem falar sobre o seu trabalho. Desconfio que continuava sensível às acusações de sensacionalismo e violência gratuita que lhe foram dirigidas nos anos 1950 e 1960. Bacon escolheu como entrevistador oficial o crítico David Sylvester, que tinha o cuidado de ficar bem longe das perguntas que todo mundo queria fazer, e só perguntava como ele lidava com o espaço e outros assuntos acadêmicos. As respostas de Bacon adotavam a mesma linguagem elíptica e evasiva, e o resultado é que hoje sabemos menos sobre as motivações desse extraordinário pintor do que sobre qualquer outro artista do século xx. Pelo menos a *Anunciação* de Crivelli nos anos 1950 não era filtrada por intermináveis palestras sobre a perspectiva renascentista e a flutuação nos preços do lápis-lazúli.

As pinturas de Bacon eram gritos e berros vindos do matadouro, das valas de execuções em massa da Segunda Guerra Mundial. Seus executivos enlouquecidos e seus príncipes da morte com vestes papais careciam de qualquer piedade ou remorso. O papa que ele pintou tantas vezes grita porque sabe que não existe Deus. Bacon foi ainda mais longe do que os surrealistas, assumindo a nossa cumplicidade nos horrores dos meados do século xx. Éramos nós que estávamos sentados naqueles quartos claustrofóbicos, como uma sala de espera com tevê bem precisada de uma mão de tinta, embaixo de uma lâmpada nua que poderia sinalizar a chegada dos mortos, as únicas testemunhas da nossa última entrevista.

Contudo, Bacon manteve viva a esperança naqueles tempos negros, e contemplar seus quadros me infundia uma forte onda de confiança. Eu sabia que havia ali alguma ligação com os surrealistas, com os médicos mortos que jaziam em suas caixas de madeira na sala de dissecação, com os filmes *noir*, com o pavão e os filões de pão da *Anunciação* de Crivelli. Também havia conexões com Hemingway, Camus e Nathanael West. Um quebra-cabeça dentro da minha cabeça estava tentando se armar; mas quando a imagem por fim se formou, surgiu em um lugar inesperado.

14. Descobertas vitais (1953)

Ser redator em uma agência de publicidade não era charmoso nem interessante com sugerem os romances e os filmes. A maior parte do trabalho consistia de tarefas árduas e tediosas, escrevendo folhetos e revisando o texto de manuais. Como eu precisava da luz do dia para escrever minha ficção, arranjei um emprego de carregador em Covent Garden, no departamento de crisântemos de um grande atacadista de flores. Começávamos cedo, às seis da manhã, e ao meio-dia já tínhamos terminado. Quando as numerosas noites sem dormir por fim me derrubaram, comecei a vender enciclopédias de porta em porta — emprego em que tive surpreendente sucesso, em especial porque a enciclopédia *Waverley* era aquela mesma que eu havia lido quando criança, em Shanghai — eu a conhecia praticamente de cor, e acreditava nela sinceramente.

Foi uma época fascinante, perambulando pelas cidadezinhas da região de Midlands com minhas amostras, dormindo em hotéis baratos junto com os operários das indústrias têxteis. Uma modesta rua de casas vitorianas geminadas continha todo um universo de diferenças — alegres garotas adolescentes cuidando de toda uma ninhada de irmãozinhos pequenos, enquanto a mãe, escarrapachada em uma cadeira na cozinha, assistia tevê no meio da bagunça; fanáticos religiosos que quase não tinham móveis em casa, com suas filhas assustadas que mal viam a hora de se tornarem adultas; um homem que ficou tão excitado ao saber que eu trabalhava em uma editora que me puxou para sua sala de estar e me mostrou, cheio de orgulho, um piano com teclas coloridas e numeradas, seu sistema "revolucionário" para ensinar música, que ele queria que eu divulgasse. Para dar uma demonstração, assobiou na escada e lá veio descendo sua amável filha de treze anos, que se sentou ao pequeno piano de apartamento, com as partituras anotadas a cores como barras de chocolate, e tocou solenemente a *Sonata ao luar*. Até hoje eu enxergo faixas coloridas quando escuto essa melodia, e sinto um sabor doce nos lábios.

Uma certa prosperidade tinha alcançado área de Midlands, e a década de 1950 estava à beira de uma mudança social. Quanto mais pobres as pessoas, mais ansiosas para comprar a enciclopédia, e muitas vezes eu dispensava a minha comissão (não havia salário fixo) para garantir a eles as horas de prazer inteligente que eu mesmo conhecera quando criança. Mas os moradores que já estavam em melhor situação, sobretudo os que trabalhavam nas fábricas de automóveis de Coventry, já tinham ultrapassado aquela sacrossanta ideia da educação como chave do sucesso. As informações lhes chegavam pela publicidade e pela televisão. Eles me mostravam suas enormes tevês novas, o carpete que cobria a sala toda, a moderna cozinha e banheiro, certos de que eu estava genuinamente interessado em tudo isso, e então educadamente declinavam a oferta de comprar os oito volumes da *Waverley*. O consumismo lhes oferecia todos os parâmetros de que precisavam na vida.

Enquanto isso, minha atividade de escritor continuava emperrada. Sensatamente, eu havia desistido dos meus esforços de superar o *Finnegan's Wake*, e sabia que não era tão vigoroso, nem tão mórbido para imitar Hemingway. Meu problema é que eu ainda não tinha encontrado uma forma que me conviesse. A ficção popular era popular demais, e a ficção literária, séria demais. Na época foi publicada toda uma torrente de memórias e romances passados na Segunda Guerra, mas, surpreendentemente, nunca me ocorreu escrever um livro baseado nas minhas experiências de guerra. Nem mesmo as cenas tétricas que presenciei em Shanghai quando criança jamais poderiam se igualar aos horrores do genocídio e dos campos de extermínio nazistas.

Naquelas alturas, sete ou oito anos depois da guerra, eu tinha começado a apagar minhas lembranças de Shanghai. Muito pouca gente havia compartilhado minhas experiências, e a guerra na Europa continuava ao nosso redor por toda parte, bem à vista em uma centena de quarteirões destruídos pelas bombas. Sempre detestei a nostalgia, e as tentativas dos políticos britânicos de todos partidos de afirmar a importância da Grã-Bretanha no mundo, quando na realidade estávamos quase falidos, sempre com aquela ladainha sobre nosso papel na guerra e o nosso império do pré-guerra, me mostravam bem o perigo de se deter demais no passado. Os anos em Shanghai jamais haveriam de voltar, e eu ficava abalado sempre que encontrava amigos dos meus pais e ex-internos do campo de Lunghua que estavam desligados do tempo presente e viviam inteiramente dentro do casulo das suas lembranças da China.

A aviação ainda me interessava, e comecei a notar que havia anúncios para cargos na RAF, a força aérea britânica. O treinamento de voo era no Canadá — um atrativo extra. Meus anos de internamento em Lunghua me garantiram a isenção do serviço militar, e como oficial eu poderia eventualmente ser transferido para algum cargo em terra, como acontecia com muitos pilotos e copilotos. Uma mudança de cenário, da Londres cinzenta e superpovoada para os vastos espaços abertos da região central do Canadá, me daria tempo para pensar, e com um pouco de sorte seria um novo estímulo para a minha imaginação. Eu ainda tinha apenas 23 anos, mas minha carreira de romancista não dava nem sinal de começar.

Fui me inscrever no escritório de recrutamento da RAF em Kingsway, passei nos testes de avaliação do centro da RAF em Hornchurch, perto de Dagenham, e comecei meu treinamento básico de três meses em Kirton-in-Lindsey, condado de Lincolnshire. Gostei do tempo que passei ali — uma mistura de exercícios militares e ordem unida, conceitos básicos de navegação e meteorologia, treinamento em armas com o rifle Lee-Enfield, o revólver Smith & Wesson e a metralhadora Stem (acabei me revelando um bom atirador), aulas sobre a etiqueta no refeitório dos oficiais (seríamos os embaixadores da Grã-Bretanha ao redor do mundo, além de pilotos de bombardeiros nucleares), e especialização em autodiagnóstico dos primeiros sintomas de doenças venéreas, graças a várias horas de filmes instrutivos que dava uma impressão bastante estranha do nosso futuro papel de oficiais da Rainha.

No outono de 1954 partimos para o Canadá em um navio transatlântico da linha Empress, e passamos um mês em uma base da RCAF, a força aérea canadense, perto de London, Ontário, não longe de Detroit e das cataratas do Niágara. A intenção era fazer a "adaptação cultural" da turma ao estilo de vida norte-americano, e nos desligar da sedução do críquete, da cerveja quente e da salsicha empanada. Nem é preciso dizer que todos estávamos ansiosos para abraçar o estilo de vida norte-americano, desde o primeiro segundo em que desembarcamos do navio. Os canadenses eram generosos e hospitaleiros, sem aquele lado inculto que às vezes cria certo atrito nos Estados Unidos. O país era vasto e escassamente povoado, e ficava praticamente soterrado sob um cobertor de neve durante seis meses por ano. Os canadenses tinham uma atitude naturalmente calorosa em relação aos estranhos, típica dos povos do deserto.

Chegamos à nossa base de treinamento, em Moose Jaw, Saskatchewan, quando caía a primeira neve, e creio que ainda estava nevando quando fui embora, na primavera seguinte. O treinamento para pilotos da Otan se realizava no Canadá como contribuição do país à aliança transatlântica, mas aquela imensidão coberta de gelo e neve não era uma boa localização para uma escola de aviação. O isolamento extremo do inverno canadense e a brancura total que rodeava a base aérea de Moose Jaw em um raio de quinze quilômetros significava que durante longos períodos não tínhamos nada a fazer além de sentar nas salas de voo, lendo revistas e vendo a neve cair nas pistas de pouso já soterradas. De vez em quando um alce pulava sobre a cerca externa e saía a galope em meio à neblina. Eu ficava no nosso refeitório muito confortável, praticamente um hotel de quatro estrelas, me sentava junto às grandes janelas panorâmicas e ficava vendo a neve ser varrida na horizontal pela ventania gelada. Ao caminhar do dormitório para o refeitório, às vezes minhas lentes de contato caíam no rosto — o gelo as deslocava dos olhos quando eu piscava. Sobrevivíamos na base de peru assado, waffles e sorvete, e acabamos com todo o estoque de gim e *bourbon* que havia no bar. Não havia tabu algum em relação a beber e voar — um dos meus treinadores canadenses sempre subia no avião com um charuto e duas garrafas de cerveja nas mãos.

Depois o tempo melhorava, o céu ficava de um azul brilhante acima da neve silenciosa, e tínhamos alguns dias de treinamento de voo. Eu gostava de pilotar o pesado Harvard T-6, com seu enorme motor radial, trem de pouso retrátil e sua hélice de ângulo variável, mas o treinamento era sempre prejudicado pelo mau tempo. Os cristais de gelo pairando no ar produziam efeitos atmosféricos extraordinários, como um sol triplo que brilhava como fogo através da névoa congelada. Os *trainees* britânicos ficavam felizes de rodar por ali sem fazer nada, mas os franceses e os turcos exigiam ser mandados de volta para casa. Eram mais velhos e tinham patente superior a muitos instrutores da RCAF. Em certa ocasião os franceses se amotinaram, recusando-se a comer a comida do restaurante que, segundo eles, só servia para crianças. Os turcos, todos eles experientes oficiais do exército, se recusavam a aceitar ordens de qualquer instrutor da RCAF de patente inferior à deles. Foi necessário mandar vir de Ottawa um oficial francês mais graduado.

Com muito tempo livre, escrevi alguns contos e tentei encontrar material de leitura para me manter ocupado. Os jornais regionais não traziam nenhuma notícia internacional e consistiam de nada mais que relatos de partidas de *curling* e hockey no gelo. Revistas como a *Time* eram consideradas intensamente intelectuais e difíceis de se conseguir em Moose Jaw, que na época era um fim de mundo, com dois postos de gasolina e uma estação rodoviária. Sua principal função era fornecer peças de trator para as imensas plantações de trigo que cobriam todo o estado de Saskatchewan. Os livros de bolso à venda nessa rodoviária eram policiais populares e histórias de detetive; mas havia também outro tipo de ficção que ocupava muito espaço nas prateleiras. Era a ficção científica, que na época conhecia seu grande *boom* do pós-guerra.

Até aquele ponto eu tinha lido pouca ficção científica, além das revistas em quadrinhos de Buck Rogers e Flash Gordon da minha infância em Shanghai. Mais tarde percebi que a maioria dos escritores e profissionais de *sci-fi*, tanto ingleses como americanos, eram fãs ardorosos desde o início da adolescência, e muitos começaram a carreira escrevendo para fanzines (revistas amadoras produzidas por entusiastas), e assistindo a convenções. Eu fui um dos poucos que chegaram à ficção científica em uma idade relativamente madura. Em meados dos anos 1950 havia cerca de vinte revistas comerciais de *sci-fi* à venda todos os meses nos Estados Unidos e Canadá, e as melhores delas estavam na estante de revistas da rodoviária de Moose Jaw.

Algumas, como *Astounding Science Fiction*, a líder do gênero em vendas e em prestígio, eram muito focadas em viagens espaciais e histórias que descreviam um futuro tecnológico frio e implacável. Quase todos os contos se passavam em naves espaciais ou em outros planetas, em um futuro muito longínquo. Essas histórias planetárias, com os personagens usando uniformes militares, não demoravam a me entediar. Precursoras de *Jornada nas estrelas*, descreviam o grande império americano colonizando o universo inteiro, o qual transformavam em um inferno alegre e otimista — um subúrbio americano dos anos 1950, pavimentado de boas intenções e povoado por moças tipo "Avon chama" em traje espacial. É muito estranho, mas essa visão ainda pode acabar se revelando uma profecia muito acertada.

Por sorte havia outras revistas como *Galaxy* e *Fantasy & Science Fiction*, em que as histórias se passavam no presente ou no futuro próximo, extrapolando as tendências sociais e políticas que já eram evidentes nos anos do pós-guerra. Os perigos da televisão, da publicidade e da mídia americana para um público dócil e domesticado eram o seu território favorito. Elas investigavam os abusos da psiquiatria e a política exercida como um ramo da publicidade. Muitas histórias eram bizarras e pessimistas, mostrando na superfície um humor seco que escondia uma mensagem sombria e deprimente.

Essas eu agarrei e comecei a devorar. Ali estava uma forma de ficção que realmente tratava do tempo presente, e com frequência era tão elíptica e ambígua como a ficção de Kafka. Ela reconhecia um mundo dominado pela propaganda de consumo, e um governo democrático que ia se transformando em agência de relações públicas. Um mundo de carros, escritórios, rodovias, companhias de aviação e supermercados, o mundo em que nós de fato vivíamos, mas que estava completamente ausente da ficção séria. Ninguém em um romance de Virginia Woolf jamais encheu o tanque do carro. Ninguém nos livros de Sartre ou Thomas Mann jamais pagou por um corte de cabelo. Ninguém nos romances de Hemingway do pós-guerra jamais se preocupou com os efeitos de uma exposição prolongada à ameaça de uma guerra nuclear. Seria uma ideia ridícula, tão absurda na época como nos parece agora. Os escritores da chamada "ficção séria" tinham uma característica dominante em comum — sua ficção tratava, em primeiríssimo lugar, deles próprios. O "eu" estava no cerne do modernismo, mas agora tinha um rival poderoso — o mundo da vida diária, que também era um constructo psicológico, e igualmente sujeito a impulsos misteriosos, muitas vezes psicopáticos. Era esse espaço sinistro, uma sociedade de consumo que poderia fazer um passeio a algum outro Auschwitz ou alguma outra Hiroshima, que a ficção científica estava explorando.

Acima de tudo, o gênero da ficção científica tinha uma enorme vitalidade. Sem pensar em um plano de ação, decidi que era um campo onde eu devia entrar. Decerto ali estava uma forma literária que valorizava a originalidade e dava muita liberdade aos seus escritores, muitos dos quais tinham sua marca registrada, seu próprio estilo e sua maneira de ver. Também achava que apesar de toda a sua vitalidade, a ficção científica das revistas era limitada pela sua abordagem do tipo "E se...?". O gênero já estava maduro para uma mudança radical, ou mesmo para ser conquistado e dominado. Eu estava mais interessado em uma abordagem do tipo "E agora?". Depois de atravessar a fronteira várias vezes nos meus fins de semana, vi que tanto o Canadá como os Estados Unidos estavam mudando rapidamente, e com o tempo essa mudança atingiria até mesmo a Grã-Bretanha. O que me interessava fazer era interiorizar a ficção científica, procurando a patologia subjacente à sociedade de consumo, a paisagem da tevê, a corrida nuclear — um vasto continente de possibilidades ficcionais, ainda intocado. Ou pelo menos era o que eu pensava, contemplando o campo de pouso silencioso, com as pistas de pouso desertas, que se estendiam até o horizonte em uma brancura infinita.

No início da primavera, quando caíram as últimas neves, fomos informados de que continuaríamos nosso treinamento na Inglaterra (em um ano, o campo de Moose Jaw deixaria de ser um centro da Otan). Nessa altura eu estava confiante de que minha carreira de escritor estava prestes a começar. Já tinha escrito várias histórias de ficção científica, que fluíram rapidamente da minha caneta, e tinha na cabeça diversas outras esperando em fila. Eu gostava de voar, mas se passasse vários meses em uma base de treinamento isolada, na Escócia ou no norte da Inglaterra, teria que adiar todos os meus planos.

Sendo assim, decidi pedir uma dispensa e logo mais estava instalado em meu minúsculo compartimento, no vagão-leito de um trem da Ferrovia Canadense do Pacífico, rumando para Toronto — uma longa viagem, passando por intermináveis lagos e florestas de pinheiros, tempo que consumi com meu lápis e meu bloco. Escrevi sem cessar atravessando todo o Canadá, e depois o Atlântico até chegar à Inglaterra. Lá fui enviado para o centro da RAF em High Wycombe, onde o pessoal era desmobilizado.

Era uma primavera muito fria, e fiquei sentado, junto com vários colegas, em uma sala sem aquecimento do quartel, à beira de um campo aéreo abandonado, esperando ser chamado pelos dois tenentes da aviação que processavam nossos papéis. Com o passar dos dias de espera fui conhecendo várias pessoas — o copiloto de um bombardeiro, dispensado por alguma irregularidade no refeitório, ou um piloto que tinha danificado o trem de pouso do seu jato de combate ao bater contra as luzes da pista de pouso. Em seguida entrava um tenente chamando por "Robertson", ou "Groundwater", a página do *Times* com as palavras cruzadas por terminar era passada para as minhas mãos, e meus novos companheiros desapareciam para sempre.

Como meus papéis tinham que vir do Canadá, passei várias semanas nesse centro da RAF em High Wycombe, um lugar soturno que passava uma impressão totalmente convincente de fim do mundo. Mas tenho boas lembranças de lá; primeiro porque foi lá que escrevia minha primeira história de ficção científica a ser publicada, e em segundo lugar porque estava ansioso para encontrar Mary Matthews, que eu tinha conhecido em um hotel de Notting Hill um mês antes de entrar na RAF. Tínhamos trocado algumas cartas enquanto eu estava no Canadá, mas eu não fazia ideia se ela ainda continuava por ali.

15. Milagres da vida (1955)

Assim que deixei o centro da RAF em High Wycombe, fui direto para Londres e me hospedei em um hotel perto de Ladbroke Grove, onde Mary e eu tínhamos nos conhecido. Amigos comuns nos apresentaram em uma festa em um grande jardim público atrás de Stanley Crescent, um matagal descuidado que ficou na minha memória como um cruzamento entre a Arcádia e um campo de treinamento para guerrilha na selva. Hoje, toda essa área está dominada por banqueiros, administradores de fundos financeiros e executivos da televisão, mas nos anos 1950 era um labirinto de pensões vagabundas e quitinetes ocupadas por ex-militares desempregados, prostitutas em tempo parcial, divorciadas com filhos pequenos que viviam da caridade dos parentes — em suma, o rebotalho da Inglaterra do pós-guerra, gente que não podia nem sequer pertencer à classe pobre.

Contudo, a respeitabilidade ia se infiltrando, e jovens profissionais liberais já começavam a aparecer na área. Mary Matthews era um exemplo. Ao chegar em Londres para trabalhar como secretária do *Daily Express*, ela foi se hospedar no hotel Stanley Crescent porque este anunciava uma pia com água corrente quente e fria em todos os quartos — um conforto notável na época, sinal de sucesso da classe média tão grande como é hoje um segundo banheiro em uma casa de bairro.

Essa era a região de John Christie, a poucas centenas de metros de Rillington Place (que depois recebeu outro nome), onde o medonho John Christie cometeu seus crimes. Certa vez, em 1953, pouco depois que encontrei Peter Wyngrade na avenida Holland Park, eu vinha caminhando em Ladbroke Grove quando vi uma multidão em frente à delegacia de polícia. Os curiosos transbordavam até uma rua lateral, espiando a entrada do estacionamento atrás da delegacia. Um carro de polícia se aproximou, tocando a sirene, seguido por um camburão. A multidão se afastou, deixando uma mulher de casaco vermelho parada no meio daquela rua lateral. Os guardas na entrada do estacionamento não tentaram tirá-la de lá, e ali ficou ela, sob os olhares de admiração da multidão, enquanto o carro da polícia e o camburão passavam em alta velocidade pelos portões.

A mulher de casaco vermelho era irmã de Timothy Evans, amigo de John Christie, um retardado mental que fora acusado de matar o próprio filho e acabou enforcado em 1950. Na verdade o assassino da criança foi John Christie, também enforcado em 1953. Evans recebeu o perdão póstumo em 1966, tarde demais. Até hoje me lembro da mulher de casaco vermelho e do seu olhar implacável enquanto fitava o carro de polícia. Lá dentro ia John Christie, agora uma figura ensandecida que acabava de ser preso pelos vários assassinatos que cometera em Rillington Place.

Eu me mudara para o hotel Stanley Crescent depois de fugir de South Kensington, onde o aluguel semanal pelo meu quarto em Onslow Gardens subiu de 36 xelins para dois guinéus, ou seja, seis xelins a mais. South Kensington também começava a se agitar, agora que os ricos da velha cepa que tinham se retirado

Minha esposa, Mary Ballard, em 1956

para o interior durante a guerra começavam a voltar para suas vilas de estuque. Eu preferia Notting Hill pelo seu aspecto geral mais popular e suas delícias inesperadas, das quais a principal era Mary Matthews.

Quando conheci Mary, logo antes de entrar na RAF, ela trabalhava como secretária de Charles Wintour (pai de Anna Wintour, famosa tirana da revista *Vogue*, mais tarde tornou-se diretor do *Evening Standard*, mas na época era editor sênior do *Daily Express*). Nascida em 1930, Mary era filha de Dorothy Vernon e seu marido Arthur Matthews, proprietários rurais abastados em Stone, condado de Staffordshire. O pai de Mary serviu na Honourable Artillery Company na Primeira Guerra, onde foi ferido e aposentou-se por invalidez. Na época em que os conheci, em 1955, viviam em uma casa modesta em Dyserth, cidadezinha perto de Prestatyn, no norte do País de Gales. Plantavam suas verduras na horta e juntos levavam uma vida de província simples e agradável. Tal como Mary e suas duas irmãs, Peggy e Betty, eram gente extremamente generosa e de fortes princípios morais.

Creio que Mary era a mais aventureira das irmãs — a mais jovem, porém mais ambiciosa, e a única que tinha vontade de morar e trabalhar em Londres. Era de um enorme otimismo, sempre confiante e certa de que qualquer coisa é possível quando a pessoa se empenha com força de vontade. Era alta, com uma bela silhueta e uma forte presença, uma mulher que os homens notavam de imediato. De certa forma sempre continuou sendo uma garota da região de Potteries, em Midland, e às vezes parecia ser uma morena meio tonta — o que era um pouquinho de teatro da sua parte, pois tinha, na verdade, muita inteligência e agilidade mental. Todos os meus amigos gostavam dela, e também era muito popular no *Express*. Tivera uma vida social muito ativa em Stone — um mundo de casarões e fazendeiros prósperos que dirigiam seus Armstrong Siddeley, e tivera sua boa dose de bailes de gala e garbosos pretendentes.

O que ela viu em mim, até hoje acho difícil de entender. Provavelmente me achou meio "perdido", mas ela sabia que eu era ambicioso. Passei a morar no mesmo hotel, no andar logo abaixo dela, e me esforcei ao máximo para me tornar útil. Começamos a passar cada vez mais tempo nos bares de Portobello Road, e fomos criando uma intimidade cada vez maior e mais agradável. Por algum motivo demorei a lhe contar sobre minha vida em Shanghai, temendo que parecesse um pouco com uma ficha criminal. E de uma certa forma inconsciente, era mesmo. Mary não ficou impressionada ao saber que eu ia entrar na RAF, mas vi suas pupilas se dilatarem quando contei que estava escrevendo um romance, um fenômeno raro em seu antigo ambiente de caça à raposa e shows de equitação. "Você já quase terminou?", me perguntou ela, e respondi, dizendo a verdade: "Não, eu já quase comecei!". Ela entendeu a brincadeira, mas também algo mais sério que eu quis dizer.

O que me elevou um pouco aos olhos de Mary foi o modesto papel que desempenhei no incidente da sra. Shanahan. Essa mulher, que de vez em quando trabalhava como prostituta, morava no quarto acima de Mary, com sua filha de sete anos. Quando as coisas apertavam, ela trazia clientes dos bares de Portobello — por algum motivo, sempre homens grandalhões, cansados, que subiam a escada, passando pela porta de Mary, como se estivessem a caminho do cadafalso. O que nos perturbava era a presença da filha, que usava um vestidinho de seda cinza tipo Maria Antonieta — um traje completo, com um guarda-chuvinha barroco de rendas. Com seu rosto inexpressivo, sem jamais sorrir, a menina ficava no quarto da mãe enquanto a transação acontecia.

Eu continuava me orgulhando da ideia de que em Shanghai eu já vira de tudo; mas isso me deixou absolutamente chocado. O que será que a filha fazia, com seu traje *Petit Trianon*, enquanto a mãe fazia sexo com o cliente? Será que tomava parte? Eu só esperava que não, e creio que ela não fazia mais do que olhar, ou ficar sentada atrás de uma cortina, girando seu guarda-chuvinha. Mary não se interessava em saber o que ela fazia, mas queria que aquele horror tivesse um fim. Comprava presentinhos para criança, o que deixava a mãe extremamente grata. Esta passou então a insistir em fazer amizade conosco. Estava sempre se oferecendo para cozinhar para nós, e disse a Mary que eu era muito magro. Creio que havia uma parede dividindo a sua mente, separando a sua vida diária, cheia de carinho pela filha, daqueles momentos espectrais a que a necessidade obrigava. Pressionado por Mary, falei com o gerente do hotel, um polonês exausto de tanto subir escadas para cobrar o aluguel dos hóspedes. Ameacei chamar a polícia — algo que provavelmente eu jamais teria feito, lamento dizer. No dia seguinte ela e a filha tinham ido embora, e Mary assumiu, com seu otimismo e seus princípios elevados, que foi um final feliz. Espero que tenha sido.

Quando saí de High Wycombe, deixando a RAF para trás, e fui hospedar-me no Stanley Crescent Hotel, descobri que nada ali havia mudado. Os mesmos cansados hóspedes continuavam por lá, uma das tribos perdidas da Inglaterra do pós-guerra — entre eles um comandante aposentado da RAF e sua chiquérrima esposa, Peta, que vivia se vangloriando em voz alta de que tinha "passado o bimotor", ou seja, conseguira o brevê para pilotar bimotores, antes do marido. Para seu grande aborrecimento, este nunca conseguia pagar o aluguel, e creio que ela sabia que ele já tinha perdido as esperanças. O gerente polonês ficava sentado na sala do café da manhã, onde nenhuma refeição era servida, exceto para os hóspedes que pagavam na hora e em dinheiro. Esperava até que ela estivesse em pleno voo de bimotor com algum outro hóspede, então se aproximava dizendo em voz alta: "A senhora está com três semanas de atraso no aluguel, dona..." E ela se retirava bruscamente, com raiva por eu ter presenciado essa pequena humilhação. Poucos anos antes o casal vivia em Chipre, em uma mansão com criados. Na Inglaterra do pós-guerra ela estava perdida, mas era um perfeito símbolo do país.

Havia um tenente da marinha que fora comandante de torpedeiro. Morava em um quarto com sua amável esposa e a filhinha, e passava o tempo todo construindo navios em miniatura. Alguns anos antes, sofrera um trauma cerebral ao mergulhar no lado errado de uma piscina. Fiz boa amizade com ele, e o ajudava

160

a levar sua cesta de piquenique para Kensington Gardens, onde ele colocava seus barquinhos para navegar no lago. Toda essa gente, assim como eu mesmo, cairia na classificação de desajustados, vítimas de guerra que tinham perdido o rumo nos tempos de paz; mas pelo menos todos nós aceitávamos um ao outro, e nunca havia rivalidade alguma. Hoje, aquele hotel de uma única estrela deve estar cheio de escroques financeiros, caçadores de celebridades, pessoas com expectativas enormes, cientes de que o fato de não ter talento algum não é obstáculo para o sucesso. Qualquer escritor novato fugiria dali horrorizado. Eu me lembro do velho Stanley Crescent Hotel com afeto.

E acima de tudo, naturalmente, porque Mary continuava morando lá. Deixei minha mala no meu antigo quarto, que por sorte estava vazio, e fui bater na porta do quarto dela. Quem abriu foi uma senhora de meia-idade com uniforme de enfermeira. Por alguns segundos meu coração morreu, e percebi claramente por que tinha abandonado a Força Aérea e viajado toda aquela distância desde Moose Jaw. Daí fiquei sabendo que Mary tinha se mudado para um quarto maior no primeiro andar.

Creio que ficamos surpresos, um pouco receosos, mas quase aliviados de rever um ao outro.

Mary me emprestou sua máquina de escrever, e nas semanas seguintes datilografei todas as histórias que tinha escrito na viagem de volta para a Inglaterra. Ela as leu com o máximo cuidado, ficou impressionada com elas, e nem um pouco desanimada pelo fato de serem pura ficção científica, um gênero que ela jamais havia lido. Ela insistiu muito para que eu continuasse seguindo por ali, apesar de seus amigos em geral considerarem a ficção científica um território fora dos limites razoáveis para um escritor. Mas ela sentia que havia algo de novo e original nesse gênero aparentemente modesto, sentia que era otimista e positivo, e que explorava qualidades da minha mente que estavam reprimidas desde que eu chegara à Inglaterra. O lado mais maluco e audacioso da minha imaginação era o meu ponto forte, e eu precisava aproveitar isso, pelo menos naquela fase. Desde o início ela estava certa de que eu seria um sucesso como escritor.

Nesse ponto ela era totalmente diferente dos meus pais, que estavam convictos de que eu seria um fracasso. Em retrospecto fico intrigado com a falta de apoio da parte deles, mas talvez eles acreditassem que esse lado mais delirante da minha imaginação precisava ser reprimido, e não liberado. Mary tentava ser caridosa, mas não gostou dos meus pais. De fato nós os vimos poucas vezes nos anos seguintes, e naquele momento eu já tinha todo o apoio emocional de que precisava.

Mary me ouvia falar durante horas sobre o tipo de ficção que eu queria escrever, me incentivando a produzir um fluxo contínuo de histórias e a ignorar a forte hostilidade que elas provocavam nos fãs de ficção científica. Enviei minhas histórias às revistas de *sci-fi* americanas que eu lia em Moose Jaw, mas todas eram devolvidas — em geral com um bilhete de rejeição cheio de desprezo, revelando bem a mentalidade estreita que se esconde por trás da exuberância americana. Reinava nesse campo uma rígida ortodoxia, e qualquer tentativa de ampliar o escopo da ficção científica tradicional era considerada uma conspiração, um golpe traiçoeiro.

Depois de certo tempo Mary engravidou, e nós nos casamos em setembro de 1955. A família dela, meus pais, minha irmã e mais alguns amigos assistiram ao serviço na igreja, o qual me deixou muito comovido. Éramos três, de certa forma, que estávamos nos casando — eu, Mary e nosso filho ainda por nascer. Levei essa cerimônia muito a sério, mas não por motivos religiosos. Minha vida já fora testemunha de guerra e destruição, erosão e entropia, culminando com dois anos na sala de dissecação de Cambridge, esfolando e recortando cadáveres como se a própria morte ainda não fosse um final suficiente, e os resquícios daqueles seres humanos tivessem que ser ainda mais reduzidos. Agora, pela primeira vez, eu tinha ajudado a criar alguma coisa, quase a partir do nada, uma criatura intacta, que ia crescendo e surgiria como um ser vivo. Mary estava com três meses de gravidez quando nos casamos, e eu me deitava ao lado dela, tocando seu ventre inflado, ajudando a materializar esse pequeno visitante que vinha de longe, além do tempo e do espaço. A criação, em sua escala mais grandiosa, acontecia ali sob o calor da minha mão.

Lembro que na cerimônia de casamento não houve grande harmonia. As duas famílias ainda não se conheciam, e ambas ficaram na velha atitude tribal da defensiva. Esperando o clérigo, virei para meu pai no banco atrás de mim e perguntei se deveria fazer uma doação "para os pobres da paróquia". Ele respondeu, jovialmente: "Você é o pobre da paróquia!". Ele e minha mãe se divertiram com essa tirada.

Estritamente falando, era verdade. Eu ganhava uma pequena renda como freelancer, escrevendo textos publicitários e cartas de mala direta para uma agência, mas precisava de um emprego de período integral para nos sustentar, agora que Mary desistira do seu cargo no *Express*. Por sorte, eu tinha começado a vender minhas histórias para as duas revistas de ficção científica que havia na Inglaterra, *Science Fantasy* e *New Worlds*. A primeira foi publicada em 1956 — um momento histórico na carreira de qualquer autor, especialmente para quem começa tarde, como eu.

O editor, E. J. Carnell, era um homem ponderado e simpático, que trabalhava em um escritório bastante agradável no subsolo de um prédio perto da Strand. Nas paredes havia cartazes de filmes de ficção científica e capas de revistas — um conjunto que me transmitia uma visão bastante convencional da natureza da ficção científica. Em particular, porém, longe dos ouvidos dos fãs da velha guarda, Carnell me disse que a ficção científica precisava mudar para poder continuar na linha de frente do futuro. Ele me incentivou a não imitar os escritores americanos, e me concentrar naquilo que eu chamava de "espaço interior", ou seja, histórias psicológicas, de um espírito próximo dos surrealistas. Tudo isso era anátema para os editores americanos, que continuavam a rejeitar minha ficção.

No entanto, em 1957 todos nós ouvimos o sinal do Sputnik 1 chamando pelo rádio — um urgente toque de despertar vindo do próximo mundo, a aurora da Era Espacial. Os tradicionalistas da ficção científica sentiram o Sputnik confirmar todos os seus sonhos mais preciosos; mas eu fiquei cético. A meu ver, para prender a imaginação dos leitores a ficção científica precisava ser o arauto do novo, não uma lembrança do velho. E de fato, logo depois o gênero entrou em acentuado declínio nos Estados Unidos, do qual só se recuperou com a chegada de *Guerra nas estrelas*, várias décadas depois.

Sabendo que eu precisava de um emprego, com esposa e filho para sustentar, Carnell me conseguiu um cargo editorial em uma das revistas especializadas publicadas pelo grupo que controlava sua editora. Sempre havia vagas, porque a empresa pagava pouquíssimo a todos os funcionários, dos editores para baixo. Havia colegas que saíam para comprar um maço de cigarros e nunca mais voltavam. Depois de seis meses passei para um cargo com melhor salário, como vice-editor da *Chemistry & Industry*, revista semanal publicada pela Sociedade das Indústrias Químicas em Belgrave Square.

Depois do casamento, eu e Mary moramos primeiro em um apartamento em Barrowgate Road, Chiswick, e depois, por vários anos, em um apartamento maior em Heathcote Road, St. Margarets, perto de Twickenham. Nosso filho, James, nasceu no Hospital Maternidade de Chiswick, que fazia parte do Serviço Nacional de Saúde mas parecia uma instituição penal, que sacralizava as teorias em voga na época sobre os cuidados com as mães e os bebês. Nem se cogitava em convidar o pai para presenciar o parto; o que nos diziam era para ficar em casa esperando até sermos chamados. Quando cheguei, logo depois do parto, encontrei Mary em uma enfermaria com cinco outras mães, todas chorando enquanto ouviam seus bebês gritando desesperadamente no berçário do outro lado do corredor. Mãe e criança só se uniam nas horas de amamentação, que obedeciam a um horário inflexível. Quando eu protestei, me disseram que seria melhor ir embora do hospital.

Nossas filhas Fay e Beatrice chegaram em 1957 e 1959. Ambas nasceram em casa, bem no coração do nosso ninho doméstico bem aquecido, em partos de que participei ativamente, quase afastando de lado as parteiras. No mesmo leito desarrumado, porém feliz, onde nossas duas filhas foram concebidas, ali mesmo elas nasceram, rodeadas pelas irmãs de Mary e as amigas mais íntimas. Fiquei profundamente comovido ao ver a cabeça de Fay surgir nas mãos da parteira, e senti o mesmo dois anos depois quando chegou Bea, na mesma cama. Não pareciam bebês novinhos, tão novos quanto pode ser um ser humano; pareciam imensamente velhas, com a testa e traços do rosto polidos pelo tempo, tão arcaicas e lisas como cabeça dos faraós das esculturas egípcias, como se tivessem viajado uma imensa distância para encontrar seus pais. E então, em um segundo, se tornavam bebês e eram levadas embora pela parteira e pela irmã de Mary. Apenas alguns minutos antes eu estava ajoelhado ao lado da cama, pressionando as enormes hemorroidas de Mary, já a ponto de explodir, e agora estava deitado ao lado dela, que sorria, me abraçava e logo adormecia. Chorei sem parar durante esses dois partos, o maior mistério que a vida pode oferecer, e lamento que hoje em dia sejam tão poucos os bebês que nascem em casa.

Com a chegada das crianças nosso mundo doméstico ficou caótico. Mary nunca foi grande dona de casa, mas se tornou uma espécie de Mãe Terra, sentada na cama amamentando um bebê ao mesmo tempo em que tomava um copo de vinho e discutia em voz alta sobre algum assunto do dia com dois amigos meus. Um dos médicos de Twickenham que cuidavam dela se encantou tanto que ficava feliz em ser chamado a qualquer hora do dia ou da noite para sentar na cama ao lado dela — uma paixonite romântica que ela achava hilária, mesmo enquanto levava o pobre homem a ser advertido pelo Conselho Médico Geral.

Apesar das pressões da sua nova função de dona de casa, esposa e mãe de três filhos, Mary procurava ler tudo que eu escrevia. Pela primeira vez eu tinha uma pessoa que acreditava em mim, e que estava pronta para dar apoio concreto a essa confiança suportando uma vida bastante modesta. Nunca perdia a confiança em que algum dia eu teria sucesso — algo que parecia improvável no fim dos anos 1950, quando a ficção científica era considerada, em geral, como um gênero não muito superior às histórias em quadrinhos.

Em 1960, quando nossos pequeninos já tinham pernas para andar, decidimos que precisávamos de uma casa com jardim, e compramos uma casinha em Shepperton, onde moro até hoje. Creio que escolhi Shepperton por causa dos estúdios de cinema da cidade, que lhe davam um ar bem popular, um tanto rasteiro. Mary achou que ficaríamos lá não mais de seis meses; mas três anos mais tarde, depois do sucesso de *O mundo submerso*, ainda havia pouca esperança de nos mudarmos de lá — algo que a deixava deprimida, creio, assim como o mundo literário de modo geral.

Começamos a conhecer outros escritores, tanto dentro como fora do mundo da ficção científica, e ela percebeu que na Inglaterra até mesmo os escritores de sucesso tinham uma vida bastante monótona. As festas dadas pelos editores e os encontros de escritores movidos a álcool em apartamentos de Clapham não se comparavam com a vida dos bailes, caçadas e carros velozes que ela tinha deixado para trás em Stone. Tenho certeza de que acabaríamos mudando para uma boa casa, com um grande jardim em volta, em Barnes ou Wimbledon; mas mesmo isso teria sido muito discreto em comparação ao mundo dos proprietários rurais abastados, com seus Aston-Martin e bailes de gala.

Mesmo assim, tenho a esperança de que seus anos passados em Shepperton foram felizes. Eu tentava compartilhar o trabalho, e sentia prazer em cada minuto que passava com as crianças, vendo-as criar todo um universo a partir de alguns poucos jogos, brinquedos e presentinhos. Eu sabia que estava desfrutando de uma vida de família que nunca realmente conhecera, mesmo na Shanghai do pré-guerra. Quando criança, eu raramente via meus pais em um estado de espírito relaxado, doméstico. Eles viviam muito ocupados, e tudo acontecia na presença silenciosa dos criados chineses e das entediadas babás russas. Nossa casa em Shepperton, em contraste, era uma bagunça caótica e deliciosa, com cenas como o pai ou a mãe saindo nus do banho, pingando água, para apartar uma discussão entre as meninas por causa de algum lápis de cor favorito, enquanto o irmão ia pisando, triunfante, nas pegadas molhadas no chão. A balbúrdia era a lei.

Para dar a Mary um pouco de folga, muitas vezes eu amontoava os três pequenos no seu enorme carrinho, uma verdadeira limusine no mundo dos carrinhos de bebê, e saía empurrando para dar um passeio pelo campo, a algumas centenas de metros da nossa casa. O rio Ash, pouco mais que um riachinho, surgia de um encanamento e atravessava a estrada; ao lado havia uma pontezinha para pedestres, sempre com gente debruçada no parapeito para ver os motoristas incautos enfiarem o carro no riacho. A cena do filme *Geneviève*, onde um carro antigo fica atolado na lagoa da aldeia, foi filmada ali. Meus filhos adoravam assistir a esse espetáculo hilariante, dando gargalhadas e sapateando de alegria enquanto o motorista perplexo por fim enfiava os pés na água, sob o olhar de algum campônio sinistro e sua prole.

Passávamos horas com pequenas redes de pescar, procurando camarõezinhos que levávamos para casa em grandes vidros de geleia, e os observávamos enquanto eles se recusavam a cooperar e exalar o último suspiro. Fay e Bea eram fascinadas pelas margaridas que pareciam crescer debaixo d'água quando o riacho subia e inundava os campos ao redor. Os estúdios de Shepperton eram um lugar fácil de se entrar naqueles maravilhosos meses de verão há quase cinquenta anos, e eu costumava levar as crianças ali, passando pelos estúdios de som e chegando a um terreno baldio onde os acessórios descartados eram deixados a céu aberto — carrancas de navios a vela, gigantescas peças de xadrez, um carro americano cortado pela metade, uma escada que ia até o céu — tudo isso deixava assombrados meus três pequenos. E seu pai: eram dias de deslumbramento que eu gostaria que durassem para sempre.

Eu via meus filhos na época, e os vejo até hoje, como milagres da vida, e dedico a eles esta autobiografia.

16. Este é o amanhã (1956)

Em 1956, ano em que publiquei meu primeiro conto, visitei uma notável exposição na galeria de arte Whitechapel, chamada *This is tomorrow* [Este é o amanhã]. Há pouco tempo eu disse a Nicholas Serota, diretor da Tate e ex-diretor da Whitechapel, que na minha opinião *This is tomorrow* foi o evento mais importante das artes visuais da Grã-Bretanha até a abertura da Tate Modern, e ele não discordou de mim.

Entre suas muitas realizações, *This is tomorrow* é geralmente considerada o local de nascimento da arte pop. Dez ou doze equipes, cada uma com um arquiteto, um pintor e um escultor, projetaram e construíram uma instalação que representava sua visão do futuro. Os participantes incluíam o artista Richard Hamilton, que mostrou sua colagem *Just what is it that makes today's homes so different, so appealing?* [O que é, exatamente, que torna os lares de hoje tão diferentes, tão atraentes?"] — a meu ver a maior obra da arte pop jamais realizada. Outra equipe reunia o escultor Eduardo Paolozzi e os arquitetos Peter e Alison Smithson, que construíram uma unidade básica para a habitação humana naquilo que sobraria do mundo depois de uma guerra nuclear. Aquela "cabana terminal", como eu a defini, ficava sobre um trecho coberto de areia, onde se viam os implementos básicos de que o homem moderno precisaria para sobreviver: uma furadeira elétrica, uma roda de bicicleta e uma pistola.

O efeito geral da exposição *This is tomorrow* foi uma revelação para mim. Na verdade, foi um voto de confiança na minha opção pela ficção científica. A exposição na galeria Whitechapel, e especialmente as instalações de Hamilton e Paolozzi, criaram enorme comoção no mundo artístico da Grã-Bretanha. Na época os artistas mais favorecidos pelo Conselho das Artes, o Conselho Britânico e os críticos acadêmicos da época eram Henry Moore, Barbara Hepworth, John Piper e Graham Sutherland. Em conjunto, eles formavam um mundo fechado das belas-artes, preocupado sobretudo com as experimentações formalistas. A luz da realidade cotidiana jamais brilhava na brancura ascética da imaginação desses artistas, delimitada pelas paredes do estúdio.

This is tomorrow abriu todas as portas e janelas para a rua. A exposição se inclinava um pouco para o lado de Hollywood e da ficção científica americana; Hamilton tinha conseguido o robô Robby, do filme *Planeta proibido*. Mas, pela primeira vez, quem visitava Whitechapel podia ver a reação da criatividade e da imaginação de vários artistas que estavam sintonizados com a cultura visual das ruas, com a publicidade, a sinalização das estradas, os filmes e revistas populares, com o design das embalagens e dos bens de consumo — todo um universo por onde nos movimentávamos na nossa vida cotidiana, mas que raramente aparecia na arte aprovada da época.

A colagem de Hamilton *O que é, exatamente...* mostrava um mundo inteiramente construído a partir da publicidade, e era uma visão convincente do futuro que vinha pela frente — o marido musculoso e sua esposa fazendo *striptease*, em sua casa nos subúrbios da América, os bens de consumo, tais como a lata de presunto, considerados ornamentos em si mesmos, a ideia do lar como um ponto de venda básico e um recurso auxiliar de vendas na sociedade de consumo. Nós somos aquilo que vendemos e compramos.

Na instalação de Paolozzi, a furadeira colocada no chão sobre a areia pós-nuclear não era apenas um aparelho portátil para fazer furos, mas um objeto simbólico com propriedades quase mágicas. Se é que o futuro seria construído a partir de alguma coisa, seria a partir de um conjunto de blocos básicos oferecidos pelo consumismo. O anúncio de uma nova mistura para bolos continha os códigos que definiam a relação de uma mãe com os filhos, imitada em todo o nosso planeta.

This is tomorrow me convenceu de que a ficção científica estava muito mais próxima da realidade do que o romance realista convencional da época, quer o dos jovens irados — os *angry young men* com suas mágoas e rancores, ou romancistas como Anthony Powell ou C. P. Snow. Acima de tudo, a ficção científica tinha uma enorme vitalidade, que já havia se exaurido do romance modernista. Era um motor visionário que criava um novo futuro a cada giro, sempre acelerando, sempre se afastando do leitor, impulsionada por um combustível literário exótico, tão rico e perigoso como qualquer coisa que tinha impulsionado os surrealistas.

Se a arte pop e o surrealismo serviam como fortíssimo incentivo, meu trabalho na *Chemistry & Industry* me punha a par das últimas descobertas científicas. Uma revista científica respeitada recebe um fluxo constante de *releases* para a imprensa, relatórios de congressos, boletins dos principais laboratórios de pesquisa do mundo e ainda publicações de agências e organizações científicas da onu, tais como Átomos para a Paz. Para mim todo esse material era um banquete — os relatos sobre novas drogas psicoativas, pesquisas sobre armas nucleares, as diversas aplicações dos computadores de última geração.

Durante vários anos eu ia todos os dias para Belgrave Square, primeiro partindo de Twickenham e depois de Shepperton — uma longa viagem que me deixava cansado demais para escrever, exceto nos fins de semana. Depois de passar o dia inteiro fechada em casa com as crianças, Mary precisava respirar. Lembro-me de que ela dizia, quando eu chegava em casa às sete e meia da noite e estava preparando um gim tônica para mim: "Nós vamos sair? Posso chamar a *baby-sitter*". Eu pensava: "Sair? Ora, eu estive fora o dia todo!". Mas nós íamos para algum bar à beira do rio, e ela ganhava vida nova quando eu comprava um sanduíche e jogava pão para os cisnes.

Em 1960, infelizmente para si mesmo e para a sua família, o editor da *Chemistry & Industry*, Bill Dick, matou-se com uma mangueira de gás e um saco plástico. No passado fora o célebre editor da revista científica *Discovery*, mas acabou virando alcoólatra e agressivo. Depois da sua morte fiquei sozinho para produzir a revista, e mudei meus horários de modo a poder escrever no escritório. Minha única obra de ficção realmente comercial, *The wind from nowhere* [O vento de lugar nenhum), foi escrita direto na máquina de escrever, durante duas semanas de férias em 1961, e publicada por uma editora americana de livros de bolso, a Berkley Books. Recebi um adiantamento de mil dólares, que me pareceu uma fortuna. Comemorei passando dos almoços a 3/6 (três xelins e seis pence) no bar Swan, em Kightsbridge, para o menu de 4/6, uma extravagância que alarmou as garçonetes, para quem eu tinha mostrado com orgulho uma foto dos meus três filhos. É fácil esquecer como era tênue a linha entre a pobreza e a mera sobrevivência.

Em 1963, *O mundo submerso* foi publicado com sucesso, e com o incentivo de Mary larguei meu emprego na *Chemistry &*

Industry e me tornei escritor em tempo integral. Apesar das muitas edições, foi um passo arriscado, e me sinto grato e muito impressionado ao lembrar que Mary insistiu comigo a fazê-lo. O romance foi publicado no mundo todo, mas os pagamentos que eu recebia eram modestos.

Victor Gollancz, o patriarca do mundo editorial na Inglaterra, me deu um adiantamento de cem libras, que mal me bastava para sustentar a família por um mês. Quando ele me levou para almoçar no The Ivy e eu vi os preços no menu, senti a tentação de dizer: "Olha, eu não vou comer nada, e fico com o dinheiro". Mas eu sabia que ser convidado para almoçar por Gollancz era uma honra de grande significado. Ele dominara o mundo editorial de Londres durante as décadas de 1930 e 1940, e exercia enorme influência sobre os editores literários e também sobre os leitores. Quando nos sentamos para almoçar no The Ivy ele disse, com seu vozeirão altissonante: "Um romance interessante, *O mundo submerso*. É claro que você roubou tudo de Conrad". O bar era refúgio de muitos jornalistas veteranos, e vi vários clientes se virando para nós. Pensei comigo: "Meu Deus, esse velho, com toda a sua pompa, vai afundar minha carreira antes mesmo de ela começar". O fato é que eu nunca tinha lido Conrad, e logo tratei de sanar essa falha.

Meus primeiros dez anos como escritor coincidiram com um período de contínuas mudanças na Inglaterra, assim como nos Estados Unidos e na Europa. O clima de depressão do pós-guerra tinha começado a se dissipar, e a morte de Stálin acalmou as tensões internacionais, apesar do desenvolvimento da bomba H pelos soviéticos. As viagens baratas por avião a jato chegaram com o Boeing 707, e a sociedade de consumo, já bem estabelecida na América, começou a aparecer na Inglaterra. A mudança estava no ar, afetando a psicologia do país, tanto para o bem como para o mal. E mudança era o assunto dos meus escritos, especialmente os interesses que se ocultavam por trás dessas mudanças, que já estavam aparecendo. Pessoas invisíveis, com o dom de persuadir, manipulavam a política e o mercado de consumo, afetando os hábitos e as ideias convencionais de uma forma que poucos percebiam.

A mim parecia que o espaço psicológico, o que eu chamava de "espaço interior", era para onde a ficção científica deveria se dirigir. Mas eu encontrava uma oposição tremenda. Os editores das revistas americanas de *sci-fi* tinham um certo receio dos leitores, e se recusavam a aceitar uma história passada na época atual — sinal inequívoco de que alguma coisa subversiva estava acontecendo. Era um paradoxo curioso — a ficção científica, dedicada à mudança e ao novo, estava amarrada emocionalmente ao velho e ao *status quo*.

Enquanto estava na *Chemistry & Industry*, eu encontrava sempre com meu colega escritor Michael Moorcock, que mais tarde assumiu as revistas de Carnell, quando este se aposentou. Tínhamos vivas discussões no bar Swan, em Knightsbridge, sobre a direção que a ficção científica deveria tomar. Moorcock era um homem muito inteligente e afetuoso, grande amigo das mudanças, e acabou sendo um ativo porta-voz da New Wave, como era conhecida a ala de vanguarda da ficção científica. O que eu mais admirava em Moorcock era o fato de ser um escritor totalmente profissional, e isso desde os dezesseis anos de idade, escrevendo o que quer que fosse preciso para ganhar a vida, mas sempre impondo sua própria visão. Daniel Defoe teria aprovado sua atitude, assim como o dr. Johnson. Moorcock era extremamente culto — às vezes penso que ele já lera tudo que existe — mas manteve seu toque popular. Ele escreve para os leitores, não para si mesmo. Certa vez eu lhe disse que queria escrever para as revistas de ficção científica que se vendem nas bancas de jornal, e são compradas pelos passantes juntamente com um exemplar da *Vogue* e do *New Statesman* — publicações "quentes", recém-saídas das ruas. Moorcock concordou plenamente comigo.

Vivendo às margens do mundo literário londrino durante quatro décadas, sempre me espanto ao ver como são poucos os nossos escritores literários que percebem que sua pouca vendagem pode ser resultado de sua pouca preocupação com os leitores. B. S. Johnson, uma figura extremamente desagradável, que tratava de uma maneira abominável sua doce esposa, vivia me telefonando e me prensando nas festas literárias para que eu entrasse na sua campanha para convencer os editores a pagar direitos autorais mais elevados. Em certo momento, quando já estava afundado na amargura devido às suas vendas minúsculas, sugeriu que deveríamos exigir royalties iniciais de 50%. É triste, mas ele era um desses escritores que recebem uma excelente resenha no suplemento literário do *Times*, acreditam em cada palavra do elogio e imaginam que isso vai lhes garantir uma próspera carreira, quando, na verdade, uma resenha dessas não passa do equivalente, no mundo literário, da famosa frase "Sim, foi bom pra mim...".

Eu tinha muitas reservas quanto à ficção científica como um todo, mas o início dos anos 1960 foi uma época emocionante. Era possível publicar um conto em cada número de uma revista, e cada uma dessas histórias explorava uma nova ideia — um campo de treinamento esplêndido. Hoje muitos escritores têm que começar a carreira escrevendo um romance, bem antes de estarem prontos para isso. Na época eu achava, e continuo achando, que a ficção científica era a verdadeira literatura do século xx, com vasta influência sobre o cinema, a televisão, a publicidade e o design de consumo. A ficção científica é hoje o único lugar onde o futuro sobrevive, assim como os dramas de época da televisão são o único lugar onde o passado sobrevive.

Tirando minha amizade com Moorcock e sua esposa, Hilary, eu tinha poucos contatos com outros escritores. Fui à convenção mundial de *sci-fi* em Londres em 1957, mas os americanos eram difíceis de aguentar, e os fãs ingleses em geral eram piores ainda. Em Paris a ficção científica era popular entre grandes escritores e cineastas como Robbe-Grillet e Alain Resnais, e pensei que encontraria artistas desse tipo em Londres, no que eu estava redondamente enganado. Hoje, porém, os entusiastas da ficção científica são uma raça inteiramente diferente. Muitos têm diploma universitário, já leram Joyce e Nabokov e assistiram a *Alphaville*, e são capazes de situar a ficção científica em um contexto literário mais amplo. Mas é curioso que a ficção científica esteja hoje em acentuado declínio; deve haver aí alguma moral.

O primeiro romancista inglês de quem me aproximei e fiz amizade foi Kingsley Amis. Ele tinha feito uma resenha extremamente generosa de *O mundo submerso* no *Observer*, e foi o primeiro a me apresentar a um público que não era o da ficção científica. Na época ele estava na auge da fama com seu *Lucky Jim*, uma figura extremamente inteligente, um homem charmoso e espirituoso, sempre amável com qualquer pessoa cujos escritos lhe agradassem. Fazia resenhas de ficção científica com a mente aberta, afirmando que os melhores do gênero mereciam ser levados a sério, da mesma forma que os melhores do jazz.

Depois da morte de Victor Gollancz, Amis entrou na Jonathan Cape, na época a editora londrina mais badalada, e me levou junto. A Cape publicou meus livros durante os vinte anos seguintes, o que foi uma bênção relativa. Tive muito contato com Amis de 1962 a 1966, e costumava almoçar com ele no Soho. Era um ótimo companheiro para se tomar um drinque — a comida servida no Manzi's ou no Bertorelli's era pouco mais que um tira-gosto em preparação para o seu verdadeiro sustento, que consistia em numerosas garrafas de clarete. Era um ótimo contador de histórias e imitador brilhante, com vários números ensaiados, tais como o presidente Roosevelt fazendo suas transmissões pelo rádio de ondas curtas durante a guerra, com palavras isoladas como "arsenal da democracia" ou "tanques, canhões, aviões" surgindo em meio ao terrível ruído da estática.

Amis acabara de se libertar do seu cargo de professor em Cambridge e estava de muito bom humor; mas infelizmente seu astral perdeu o brilho nos dez anos seguintes, quando foi ficando insatisfeito com tudo. Creio que ele sabia que seu primeiro livro era o melhor da sua produção, e isso o levava a beber cada vez mais, juntamente com uma certa rigidez social. Se antigamente ele ficava feliz em tomar uma cerveja em qualquer bar, agora insistia em ir aos bares de hotéis, onde pedia um gim e bebia de uma maneira superelaborada.

Nos últimos anos de vida seus ódios estavam em pleno vigor — era contra os americanos, os judeus, os franceses e toda a sua cultura, os hippies, e por alguma razão insondável, também Brigid Brophy. Certa vez nos anos 1970, enquanto almoçávamos, vimos de uma janela do Café Royal uma marcha de protesto na Regent Street. Amis começou a tremer violentamente, perguntando: "Jim, quem são esses aí? *Quem são eles?*". Ficou quase sem fala ao ver aquele grupo de jovens alegres, com seus cartazes antinucleares. Para ser justo com Amis, ele tinha passado pela guerra e servido o exército no norte da Europa. Embora nunca tivesse participado dos combates, vira muitos e muitos corpos jogados na beira da estrada enquanto as forças inglesas avançavam, e sentia que sabia muito mais sobre a realidade da guerra e da paz do que aqueles manifestantes imberbes na rua lá embaixo.

Amis não gostava da pretensão literária (tal como ele a via) de espécie alguma, e sabia julgar uma obra de ficção com grande astúcia — algo que posso dizer apesar de mais tarde ele ter passado a não gostar de boa parte dos meus escritos. Ele acreditava nas virtudes do século xix — personagens bem desenhados, diálogos plausíveis e um enredo forte. Para ele, um romance jamais deveria comentar sobre si mesmo, mas manter a ilusão de estar representando acontecimentos reais.

Conheci seu filho Martin Amis quando ele tinha catorze anos — como muitos de nós, no fundo ele não mudou com o passar das décadas. Na velhice sempre parecia orgulhoso do sucesso de Martin. "Isso é ótimo", dizia sempre, comentando o último romance de Martin, e eu não via ali nada da mesquinharia ou má vontade que hoje se atribuem a ele.

Sem dúvida ele tinha seu lado mesquinho, e era uma dessas pessoas que sentem necessidade de romper com todos os amigos. Podia ser muito rude no tratamento que dispensava às mulheres. Uma de suas antigas amantes, sua aluna dos tempos de Swansea, me disse que ele costumava mandar a esposa passear em um parque próximo quando chegava a hora da sua "aula particular". Ali a esposa do romancista ficava empurrando o carrinho com as crianças até que ele abria as cortinas do quarto, dando sinal de que ela podia voltar.

17. Mulheres sábias (1964)

A vida em família sempre foi muito importante para mim, muito mais importante, creio, do que para a geração dos meus pais. Muitas vezes fico me perguntando por que muitos deles se davam ao trabalho de ter filhos — creio que deve ter sido por motivos sociais, alguma necessidade arcaica de aumentar a tribo e defender o território, da mesma forma como algumas pessoas têm cachorro sem nunca lhe mostrar nenhum afeto, mas se sentem em segurança quando ele late para o carteiro.

Talvez eu pertença à primeira geração de pais para quem a saúde e a felicidade da família são indicadores significativos do seu próprio bem-estar mental. A família, e todas as emoções que há nela, são uma maneira de pôr à prova as melhores qualidades de uma pessoa, uma cama elástica onde se pode pular cada vez mais alto, segurando pela mão a esposa e os filhos.

Eu gostava muito da minha vida de casado, a primeira vez na vida em que conheci a verdadeira segurança, e dei conta facilmente das pressões e das primeiras lutas da vida de um escritor. Gostava de ser um pai envolvido com os filhos, empurrando os três no carrinho pelas ruas de Richmond e Shepperton, e mais tarde levando-os de carro em viagens pela Europa até a Grécia e a Espanha. As crianças mudam tão depressa, aprendendo a captar o mundo e a ser felizes, aprendendo a compreender a si mesmas e a dar forma à sua própria mente. Eu ficava fascinado pelos meus filhos, e ainda fico, e sinto a mesma coisa pelos meus quatro netos. Sempre tive grande orgulho dos meus filhos, e cada momento que passo com eles faz com que a existência inteira me pareça cálida e repleta de significado.

Em 1963 Mary estava bem de saúde, mas precisou extrair o apêndice. No hospital ela se recuperou devagar da operação, que talvez tenha afetado sua resistência, ou deixado alguma infecção. Ela queria muito sair de férias, e no verão seguinte fomos de carro até a Espanha e ficamos em um apartamento alugado em San Juan, perto de Alicante. Durante um mês tudo correu bem, e nos divertimos nos bares e restaurantes à beira da praia. Foram umas férias daquele tipo em que o ponto alto é o dia em que o papai caiu do pedalinho. Mas Mary de repente adoeceu com uma infecção, que logo virou pneumonia aguda. Apesar do médico local, do enfermeiro (o chamado *practicante*), que ficou ao lado dela constantemente, e do outro médico que veio de Alicante, ela morreu três dias depois. No fim, quando ela mal conseguia respirar, segurou minha mão e perguntou: "Estou morrendo?". Não tenho certeza se ela conseguia me ouvir, mas eu gritei "Eu te amo, eu te amo", até o final. Nos últimos segundos, quando seus olhos já estavam fixos, o médico massageou seu peito, forçando sangue para o cérebro. Seus olhos giraram um pouco e logo se fixaram em mim como se me vissem pela primeira vez.

Nós a enterramos no pequeno cemitério protestante de Alicante, um pátio cercado por um muro de pedras, com alguns túmulos de turistas ingleses mortos em acidentes de barco. Um pastor protestante veio me ver no dia anterior, um espanhol decente e bondoso que não me pareceu nada aborrecido quando me abstive de rezar junto com ele. Ainda consigo ouvir o som da carreta, com suas rodas de ferro, levando o caixão sobre as pedras do pavimento. O pastor realizou um serviço breve, assistido por mim, pelas crianças e alguns poucos moradores ingleses do nosso prédio de apartamentos. O pastor arregaçou as mangas, pegou uma pá e começou a jogar terra no caixão.

No fim de setembro, quando a praia de San Juan estava deserta e o ar frio começava a descer das montanhas, deixamos o prédio de apartamentos, agora vazio, e partimos de carro para a longa viagem de volta para a Inglaterra.

Desde o início eu estava decidido a manter minha família unida. As irmãs e a mãe de Mary, que foram de uma enorme ajuda durante os anos seguintes, se ofereceram para cuidar das crianças junto comigo. Mas eu sentia que devia a Mary cuidar dos seus filhos, e creio que eu precisava deles mais do que eles precisavam de mim.

Fiz o máximo para ser mãe e pai para eles, apesar de ser extremamente raro nos anos 1960 encontrar um pai sozinho cuidando dos filhos. Muitas pessoas (que deveriam ter mais discernimento) me disseram abertamente que uma mãe é insubstituível, e que as crianças seriam afetadas para sempre por essa perda, como afirmava o psiquiatra infantil John Bowlby. Mas eu duvido seriamente dessa afirmação, que parece improvável em vista dos perigos do parto. Se isso fosse verdade, as desvantagens evolucionárias não teriam passado pela seleção natural, e um vínculo menos perigoso entre pais e filhos teria tomado o seu lugar. Acredito que o principal perigo que a morte da mãe apresenta é, na verdade, um pai ausente ou frio. Se o pai for amoroso e ficar próximo das crianças, elas vão crescer e florescer.

Fay, Jim e Beatrice em casa comigo, 1965

Eu amava meus filhos profundamente, e eles sabiam disso; e tínhamos sorte porque meu trabalho de escritor me permitia ficar com eles o tempo todo. Eu preparava o café da manhã para eles, levava os três para a escola, e depois escrevia até a hora de ir buscá-los. Como era difícil conseguir uma babá que ficasse durante o dia, nós fazíamos tudo juntos — as compras, as visitas aos amigos, os museus, os passeios de férias, a lição de casa, a televisão. Em 1965 fomos até a Grécia, onde ficamos quase dois meses — umas férias maravilhosas, em que estávamos sempre juntos. Lembro-me de um engarrafamento em uma estrada nas montanhas do Peloponeso, quando uma americana no carro ao lado olhou para nós e disse: "Como assim, o senhor está sozinho com esses três?". E eu respondi: "Com esses três eu nunca fico sozinho". Felizmente, eu já tinha esquecido há muito tempo o que significa estar sozinho.

Espero que meus filhos tenham percebido desde bem cedo que podiam confiar em mim sempre, a qualquer momento. Meu filho James, o mais velho, sentiu profundamente a morte da mãe, mas nós dois ajudamos um ao outro a passar por tudo aquilo, e por fim ele recuperou a confiança e se tornou um adolescente alegre, com um senso de humor agudo e encantador. Minhas filhas Fey e Bea logo assumiram o comando da situação, se tornaram jovens decididas, de caráter forte, antes ainda da adolescência, tomando as decisões sobre a nossa alimentação, em qual hotel ficaríamos nas férias, que roupas deveriam comprar. De muitas formas, meus três filhos me criaram e me educaram.

O álcool foi meu amigo íntimo e meu confidente nos primeiros dias; em geral eu tomava um uísque com soda bem forte depois de deixar as crianças na escola, quando me sentava para escrever, às nove horas. Naquele tempo eu acabava de beber mais ou menos na hora em que hoje eu começo. Uma espécie de microclima cálido e agradável se desprendia da garrafa de Johnnie Walker, incentivando minha imaginação a sair da toca e sentir o ar lá fora. Kingsley Amis sempre me convidava para almoçar em algum restaurante, e à noite eu costumava visitá-lo em Keats Grove, onde morava com Elizabeth Jane Howard em um apartamento alugado. Jane era sempre gentil, embora minha presença provavelmente fosse um estorvo. Ela fazia o jantar, que comíamos com o prato no colo, enquanto ele ficava de olho em um programa de perguntas na televisão, respondendo todas ainda antes de saírem da boca do apresentador. Sou grato a Kingsley, e me alegro por ter visto seu lado generoso e amável antes de ele virar um ranzinza profissional.

Outros amigos também ajudaram muito, especialmente Michael Moorcock e sua esposa Hilary. Mas como qualquer pessoa enlutada não tarda a descobrir, a gente logo chega ao ponto em que os amigos pouco podem fazer além de encher o nosso copo. Eu sentia a falta de Mary mil e uma vezes por dia nos detalhes domésticos — os vestígios deixados por ela na cozinha, no quarto e no banheiro formavam, juntos, os contornos de um vazio imenso. Sua ausência era um espaço na nossa vida que eu quase conseguia abraçar. Seguiram-se longos meses de celibato, durante os quais eu me ressentia ao ver os casais felizes passando na rua. Certa vez vi em um carro à minha frente um casal rindo, os dois bem juntos, e toquei a buzina, furioso. Depois do celibato veio uma promiscuidade desesperada, uma espécie de tratamento de choque em que tentei ordenar a mim mesmo que voltasse à vida. Lembro-me que abracei a minha primeira amante — a ex-mulher de um amigo, já separada — como um náufrago no mar se agarrando a quem veio salvá-lo. Sou grato às amigas de Mary que se mobilizaram e sabiam que já era hora de me trazer de volta para a luz. A seu modo, estavam pensando mais em Mary do que em mim — mulheres sábias e bondosas, que se preocupavam conosco e achavam que os filhos de Mary deveriam ser felizes.

Mais ou menos um ano depois da morte de Mary, eu a vi num sonho. Ela vinha caminhando e passou pela porta da nossa casa, com a saia flutuando no ar, alegre, sorrindo para si mesma. Percebeu que eu olhava para ela, parado na porta de casa, e continuou andando; depois virou o rosto e sorriu para mim, sempre caminhando. Quando acordei tentei manter esses momentos vivos na minha mente, mas eu sabia que Mary, à sua maneira, estava me dizendo adeus, e que por fim eu começava a me recuperar.

Tenho certeza de que mudei muito durante aqueles anos. Por um lado, ficava feliz de estar tão perto dos meus filhos. Contanto que eles estivessem felizes, nada mais importava, e meu sucesso ou fracasso como escritor era uma preocupação menor. Ao mesmo tempo, sentia que a natureza tinha cometido um crime atroz contra Mary e seus filhos. Por quê? Não havia resposta a essa pergunta, que me obcecou durante as décadas seguintes.

18. A exposição de atrocidades (1966)

Mas talvez houvesse uma resposta, usando uma espécie de lógica extrema. Meus rumos de escritor mudaram depois da morte de Mary, e muitos leitores acharam que me tornei muito mais lúgubre — realmente *dark*. Mas prefiro pensar que fiquei muito mais radical, em um esforço desesperado de provar que o preto é branco e dois mais dois são cinco, na aritmética moral dos anos 1960. Eu estava tentando construir uma lógica imaginativa que conferisse sentido à morte de Mary, e provasse que o assassinato do presidente Kennedy e as incontáveis mortes da Segunda Guerra Mundial valeram a pena, ou quem sabe até tivessem algum significado ainda não descoberto. Então, quem sabe, os fantasmas dentro da minha cabeça, o velho mendigo debaixo do seu acolchoado de neve, o chinês estrangulado na estação ferroviária, Kennedy e minha jovem esposa poderiam descansar em paz.

Tudo isso pode ser visto nas histórias que comecei a escrever em meados dos anos 1960, mais tarde reunidas em *A exposição de atrocidades*. O assassinato de Kennedy presidia sobre tudo, um evento que foi sensacionalizado pela televisão, na época uma nova mídia. As intermináveis fotografias dos tiros na Dealey Plaza, em Dallas, e o filme de Zapruder com o presidente morrendo nos braços da esposa na sua limusine conversível criaram uma espécie de sobrecarga de tragédia em que a solidariedade e a empatia verdadeiras começavam a se esvair e restava apenas o sensacionalismo, como Andy Warhol logo percebeu. Para mim, o assassinato de Kennedy foi o catalisador que acendeu o fogo dos anos 1960. Talvez a sua morte, tal como o sacrifício de um rei tribal, seria capaz de energizar a todos e trazer nova vida àqueles campos devastados e nus?

Os anos 1960 foram uma época muito mais revolucionária do que os jovens de hoje se dão conta. A maioria imagina que a vida na Inglaterra sempre foi mais ou menos como agora, só que hoje temos telefone celular, computador e e-mail. Mas a verdade é que ocorreu uma revolução social, tão significativa como a do governo Trabalhista do pós-guerra. A música popular e a era espacial, as drogas e o Vietnã, a moda e o consumismo — tudo isso se mesclava e se fundia em uma mistura volátil e inebriante.

A emoção e a solidariedade emocional se esvaíam de tudo, e o falso, o *fake*, tinha sua autenticidade especial. Eu era sobretudo um observador, criando meus filhos em um bairro tranquilo, levando-os para festinhas de crianças e conversando com as mães na porta da escola. Mas também fui a muitas festas e fumei um pouco de maconha, apesar de que sempre permaneci firme adepto do uísque com soda. De certa forma os anos 1960 foram a realização de tudo que eu tinha esperança que viesse a acontecer na Inglaterra. Ondas e mais ondas de mudanças se sucediam, cada uma sobrepujando a outra, e às vezes parecia que a própria mudança se tornaria um novo tipo de tédio, disfarçando a verdade — e a verdade é que tudo, sob aquela superfície vistosa e alegre, continuava igual.

Em 1965 conheci o doutor Martin Bax, pediatra da zona norte de Londres que publicava uma revista trimestral de poesia chamada *Ambit*. Fizemos sólida amizade e anos depois fiquei sabendo que sua esposa Judy era filha do diretor da escola de Lunghua, o reverendo George Osborne. Ela e sua mãe tinham voltado à Inglaterra nos anos 1930 e ali passaram os anos de guerra. Comecei a escrever meus contos mais experimentais para a *Ambit*, visando também conseguir publicidade para a revista. Randolph Churchill, filho de Winston Churchill e amigo dos Kennedy, objetou publicamente à minha história *Plano para o assassinato de Jaqueline Kennedy*. Fez um carnaval nos jornais, exigindo que a modesta verba que a *Ambit* recebia do Conselho de Artes fosse cancelada, e definiu meu conto como uma calúnia irresponsável — tudo isso em uma época em que o sofrimento da sra. Kennedy e a corte que lhe fazia Aristóteles Onassis eram explorados implacavelmente pelos tabloides, o verdadeiro alvo da minha sátira.

Uma mola mestra da mudança nos anos 1960 foi o uso habitual e displicente das drogas, em si uma cultura geracional. Várias dessas drogas, sobretudo a cannabis e a anfetamina, eram puramente recreacionais; mas outras, como a heroína, se destinavam à ala de emergência dos hospitais e aos pacientes com câncer terminal, e eram muito perigosas. A indignação moral teve seu dia de festa, enquanto se faziam afirmações ridículas sobre as transformações da imaginação que o LSD poderia causar. A geração dos pais lutava por trás de uma barricada de gim tônica, enquanto os jovens proclamavam que o álcool era o verdadeiro inimigo do potencial criativo.

Cansado de tudo isso, e sentindo que toda essa briga por causa das drogas estava bem no ponto para receber uma pequena sátira, sugeri a Martin Bax que a *Ambit* lançasse um concurso para o melhor poema ou conto escrito sob a influência das drogas — uma sugestão razoável, em vista da vigorosa defesa das drogas feita por diversos gurus rivais do *underground*. Desta vez Lorde Goodman, consultor legal do primeiro-ministro Harold Wilson, denunciou a *Ambit* por cometer uma "ofensa pública" (um delito criminoso), e ameaçou nos processar. O concurso foi realizado a sério, e as drogas citadas iam desde a anfetamina até aspirina para bebês. O concurso foi vencido pela romancista Ann Quin, por um conto escrito sob influência da pílula anticoncepcional.

Outra das minhas sugestões foi realizada no ICA de Londres, o Institute of Contemporary Arts, quando contratamos uma *stripper*, Euphoria Bliss, para fazer *striptease* durante a leitura de um artigo científico. Esse estranho *happening*, quase impossível de se digerir na época, ficou gravado na minha mente para sempre. Até hoje me parece que foi algo no verdadeiro espírito dadá, e um exemplo da fusão da ciência com a pornografia que *A exposição de atrocidades* projetava para o futuro próximo. Muitas experiências "imaginárias" descritas nesse livro, como a de um grupo de donas de casa voluntárias expostas a horas e horas de filmes pornográficos, para que depois se testassem suas reações (!), já foram desde então realizadas em instituições americanas de pesquisa.

Devo dizer que admiro Martin Bax por nunca ter hesitado sempre que eu lhe sugeria minhas ideias malucas. Afinal, ele era um médico em atividade, e Lorde Goodman talvez tivesse amigos no Conselho Médico Geral. Martin reagiu positivamente à minha vontade de trazer mais ciência para as páginas da *Ambit*. A maioria dos poetas era produto das escolas de Literatura Inglesa, e isso ficava bem claro: as leituras de poesia eram uma espécie de privação social. Em algum salão chinfrim, mal iluminado, um triste grupinho de fãs do *cult* ouvia seu xamã falar em várias vozes, a preços de liquidação, sentia suas emoções vagamente tocadas e depois se retirava para alguma lúgubre estação de metrô.

Eu queria mais ciência na *Ambit*, já que a ciência estava refazendo o mundo. Queria mais ciência e menos poesia. Quando me perguntaram qual era a minha a linha editorial, enquanto "editor de prosa" da *Ambit*, eu respondia: "Acabar com a poesia". Depois de conhecer o dr. Christopher Evans, psicólogo que trabalhava no Laboratório Nacional de Física, não longe de Shepperton, eu lhe pedi para contribuir para a *Ambit*. Publicamos então uma notável série de poemas feitos por computador que, segundo Martin Bax, eram tão bons quanto poemas verdadeiros. Eu fui mais além: eles *eram* poemas verdadeiros.

Chris Evans entrou na minha vida no volante de um Ford Galaxy, um enorme conversível americano que ele logo trocou por um Mini-Cooper, um carrinho de alto desempenho, não muito maior do que um projétil que alcançasse a mesma velocidade. Chris foi o primeiro "cientista baderneiro" que eu já tinha conhecido, e se tornou o amigo mais íntimo que fiz na vida. Na aparência ele se parecia com Vaughan, o herói autodestrutivo do meu romance *Crash*, embora como pessoa fosse muito diferente daquela figura desvairada. A maioria dos cientistas nos anos 1960, em especial nos laboratórios do governo, usavam jaleco branco com colarinho e gravata, espiavam o mundo com seus olhinhos apertados por trás dos óculos, e eram figuras encurvadas, convencionais. Não havia nem sombra de *glamour* no seu trabalho profissional.

Chris, em contraste, corria pelo laboratório com seus tênis americanos, calça e camisa jeans, mostrando no pescoço uma cruz de ferro pendendo de uma corrente de ouro, com seu longo cabelo negro e o perfil aquilino lhe dando um ar de belo poeta, tipo Byron. Nunca conheci uma mulher que não caísse imediatamente sob o seu charme. Com talento natural de ator, mostrava seu melhor lado ao dar palestras, e brincava com as emoções do público como um ídolo das matinês, um jovem Laurence Olivier com diploma em ciência da computação. Tinha enorme popularidade na televisão, e apresentou diversas séries de sucesso, como *The mighty micro* [O poderoso micro]. Embora administrasse um departamento de pesquisa próprio, Chris se tornou, em virtude do seu cargo, um divulgador do National Physical Laboratory, provavelmente o único cientista dessa importante instituição que era conhecido do grande público.

Quem o conhecia em particular, porém, tinha uma surpresa — Chris era um homem muito diferente, calado, pensativo e até um pouco tímido, ótimo ouvinte e excelente companheiro para se beber um uísque. Algumas das horas mais felizes da minha vida foram passadas com ele nos bares da margem do rio, entre Teddington e Shepperton. Sua persona extrovertida era, de certa forma, uma fantasia que ele usava para esconder seu lado tímido, mas creio que essa modéstia era justamente o que atraía os astronautas americanos e os veteranos cientistas com quem ele conversava em seus programas de tevê. Era grande amante da América, em especial dos estados do Meio Oeste, e não havia nada de que ele gostasse tanto como tomar um avião para Phoenix ou Houston, alugar um conversível e partir para uma longa viagem para Los Angeles ou San Francisco. Gostava das fórmulas fáceis da vida americana. Aprovava inteiramente meu desejo de ver a Inglaterra se americanizar, e como primeiro passo colocou na sua mesa de trabalho várias placas de carro da Califórnia.

Depois de fazer doutorado em psicologia na Universidade de Reading, Chris se especializou em computação. Passou então um ano na Universidade Duke, onde trabalhava o professor Rhine, com suas experiências sobre percepção extrassensorial — voluntários em salas fechadas tentando adivinhar uma sequência de cartas tiradas pelo voluntário da sala ao lado. Nancy, esposa americana de Chris, uma mulher linda e um tanto distante, era secretária de Rhine quando Chris a conheceu. As experiências extrassensoriais caíram em descrédito, de modo geral, nos anos 1960, mas creio que ele ainda tinha a teimosa esperança de que os fenômenos telepáticos realmente existiam, em algum nível mental ainda não descoberto. De vez em quando, quando tomávamos nossa cerveja e jogávamos pão com queijo aos cisnes de Shepperton, ele fazia alguma referência à percepção extrassensorial, esperando a minha reação. Também tinha um interesse surpreendente pela Cientologia, embora afirmasse ser 100% cético. Às vezes me pergunto se todo aquele seu interesse pela psicologia era, inconscientemente, a procura a de uma dimensão paranormal da vida mental.

Muitas vezes eu visitava o laboratório de Chris e admirava suas placas de carros americanos e suas fotos com os astronautas Aldrin e Armstrong (isso foi antes das missões lunares de 1969). Fiquei fascinado com o trabalho que sua equipe fazia com linguagem e percepção visual. Já nos anos 1970 ele explorava as possibilidades do diagnóstico médico por computador, pois descobrira que os pacientes eram muito mais sinceros quando falavam sobre seus sintomas com a imagem computadorizada de um médico do que com o médico em pessoa. As mulheres de minorias étnicas jamais falariam de seus problemas ginecológicos com um médico do sexo masculino, mas falavam com liberdade com uma imagem feminina gerada por computador.

Eu estava visitando Chris em seu escritório, no início dos anos 1970, quando algo no cesto de papéis ao lado da sua mesa me chamou a atenção — o folheto de um laboratório farmacêutico sobre um novo antidepressivo. Vendo o brilho nos meus olhos, Chris se ofereceu para me enviar o conteúdo do seu cesto de papéis. Assim, dali em diante a cada semana me chegava um enorme envelope, cheio de folhetos, brochuras, artigos de pesquisa, relatórios de laboratórios universitários e instituições psiquiátricas — uma cornucópia de materiais fascinantes que acendia minha imaginação. Por fim eu guardava tudo em um velho depósito de carvão no meu quintal. Vinte anos depois, quando desmontei esse depósito, comecei a reler os velhos folhetos, enquanto descansava entre os golpes de machado. Eram tão fascinantes e estimulantes como da primeira vez que os li.

A morte de Chris, vítima de câncer, em 1979, foi uma perda trágica para sua família e seus amigos, que guardam vívidas lembranças dele.

Em 1964, Michael Moorcock assumiu a direção da principal revista britânica de ficção científica, a *New Worlds*, decidido a modificá-la de todas as maneiras. Durante anos nós dois tínhamos tido discussões calorosas, mas sempre amistosas, sobre a direção que a ficção científica deveria tomar. Astronautas americanos e russos já faziam voos orbitais em suas naves espaciais, e todos assumiam que a Nasa colocaria um americano na lua em 1969, cumprindo a promessa do presidente Kennedy ao assumir o cargo. Satélites de comunicação tinham transformado a paisagem da mídia no planeta, trazendo a guerra do Vietnã ao vivo para cada sala de estar do país.

Mas o surpreendente é que a ficção científica não progredia em meio a tudo isso. A maioria das revistas americanas tinha fechado, e as vendas da *New Worlds* eram uma fração do que tinham sido nos anos 1950. Eu julgava que a ficção científica já chegara ao seu fim, e logo iria morrer, ou sofrer uma mutação e passar a ser simples "fantasia". Eu levantava a bandeira daquilo que chamava de "espaço interior" — o espaço psicológico que era bem aparente nas pinturas surrealistas, nos contos de Kafka, nos filmes *noir* em seus momentos mais intensos, e no mundo estranho, quase mentalizado, dos laboratórios científicos e institutos de pesquisa onde Chris Evans se sentia mais estimulado, e que formavam o cenário de boa parte das histórias de *A exposição de atrocidades*.

Moorcock aprovava meus objetivos em termos gerais, mas queria ir além. Ele sabia que eu respondia muito bem ao clima de

Londres dos anos 1960 — a cultura psicodélica, as publicações bizarras, a derrubada das barreiras por uma nova geração de artistas e fotógrafos, o uso da moda como arma política, as novidades que os jovens cultuavam, a cultura das drogas. Só que eu já tinha 35 anos e estava criando três filhos em um bairro residencial. Ele sabia que, por mais que gostasse das suas festas, tinha que voltar para casa e pagar a *baby-sitter*. Ele era dez anos mais jovem que eu, o guru residente de Ladbroke Grove e uma figura importante e inspiradora no cenário musical. Era toda essa energia da contracultura que ele desejava canalizar para a *New Worlds*. Sabia que uma dieta exclusiva de ilustrações psicodélicas e maluquices topográficas logo se tornaria cansativa, e aceitou bem minha sugestão para diminuir um pouco as luzes estroboscópicas do LSD e pensar em termos de artistas ingleses como Richard Hamilton e Eduardo Paolozzi.

Eu continuava me lembrando vividamente da exposição de 1956 na galeria Whitechapel, *This is tomorrow*, e sempre visitava o ICA na Dover Street. Ali muitas exposições eram realizadas por um pequeno grupo de arquitetos e artistas, entre os quais Hamilton e Paolozzi, que formavam uma espécie de laboratório de ideias, tentando trazer à tona as conexões visuais entre a arquitetura egípcia e o design das geladeiras modernas, entre as "tomadas aéreas" de Tintoretto, que pareciam feitas a partir de um guindaste, e as vastas panorâmicas dos grandes sucessos de Hollywood. Aos meus olhos, tudo isso estava mais perto da ficção científica do que aquelas desgastadas imagens de naves espaciais e paisagens extraterrestres das revistas do gênero.

Lembrei que nos anos 1950 Paolozzi tinha observado, em uma entrevista, que as revistas de *sci-fi* publicadas nos subúrbios de Los Angeles continham mais imaginação genuína do que qualquer quadro pendurado nas paredes da Royal Academy (ainda na sua fase Alfred Munnings). Com a aprovação de Moorcock, entrei

No estúdio de Eduardo Paolozzi em Chelsea, 1968

em contato com Paolozzi, que tinha um estúdio em Chelsea, e ele nos convidou a visitá-lo.

Tivemos uma simpatia mútua e instantânea. Paolozzi era uma figura que intimidava um pouco — um sujeito grandalhão, com enormes braços e mãos de escultor, voz forte e maneiras decididas. Mas sua mente era leve e flexível, ele sabia ouvir e conversar, e era dono de uma inteligência afiada e um ótimo repertório. Pensamentos originais saíam com facilidade da sua boca, fosse qual fosse o assunto; estava sempre testando os limites de alguma ideia que o intrigava e explorando suas possibilidades, antes de arquivá-la em algum lugar da mente. Uma amiga que lhe apresentei exclamou: "Ele é um minotauro!". Mas era um minotauro que sabia judô, com grande agilidade nos pés.

Fomos ótimos amigos durante os trinta anos seguintes, e eu sempre o visitava no seu estúdio em Dovehouse Street. Creio que nós dois ficávamos à vontade juntos porque ambos éramos imigrantes recentes na Inglaterra, cada um à sua maneira. Os pais de Paolozzi, italianos, se estabeleceram antes da guerra em Edimburgo, onde tinham uma sorveteria. Depois de terminar a escola de artes na Escócia, veio para Londres, onde cursou a Slade School of Fine Art e logo se tornou respeitado com sua primeira exposição individual. Depois foi passar dois anos em Paris, onde conheceu Giacometti, Tristan Tzara e os surrealistas. Paolozzi sempre dizia que era um artista europeu, e não britânico. Minha impressão é que como estudante de artes, ficara profundamente frustrado com as limitações do *establishment* artístico londrino, apesar de que na época em que o conheci ele já estava a caminho de se tornar um dos mais sólidos pilares desse mesmo *establishment*.

Todo mundo que o conheceu há de concordar que Eduardo tinha uma personalidade cálida e generosa, mas ao mesmo tempo, era rápido para puxar uma briga. Esse excesso de sensibilidade talvez viesse das profundas ofensas pessoais que sofreu como garoto italiano em Edimburgo no tempo da guerra; mas ele se desentendia com quase todos os seus amigos mais íntimos, característica que partilhava com Kingsley Amis. Um dos seus hábitos mais desconcertantes era dar aos amigos presentes valiosos, como esculturas e conjuntos de gravuras, e depois de alguma ofensa imaginária, exigir os presentes de volta. Teve um desentendimento monstruoso com os Smithsons, seus amigos íntimos e colaboradores na exposição *This is tomorrow*. Depois de lhes dar uma das suas incríveis esculturas da série "Sapos", informou-os que a queria de volta; e, quando eles se recusaram, foi até a casa deles à noite e tentou tirá-la do jardim. Nem é preciso dizer que a amizade nunca se recuperou.

Muitas vezes me pergunto por que eu mesmo nunca me desentendi com Eduardo, apesar de minha companheira, Claire Walsh, afirmar que assistiu a uma briga e um "rompimento" no segundo dia que nos conhecemos. Creio que Eduardo percebia que eu admirava sinceramente o seu trabalho, e que, além da sua imaginação vívida e da sua poderosa inteligência, eu não queria mais nada dele. Era um homem generoso e sociável, e costumava atrair todo um círculo de gente — alunos de pós-graduação, curadores de museus, diretores de escolas de arte ansiosos para que ele fosse juiz das suas exposições de fim de ano, ricos amantes da arte, damas que almoçam fora — em resumo, os que antes eram chamados de sicofantas. Isso se tornou um verdadeiro problema para ele nos anos 1980, depois que recebeu o título de *Sir*.

Até que ponto a intensa vida social de Eduardo influenciou seu trabalho, possivelmente para pior? Admiro muito suas primeiras esculturas, aquelas figuras magras, carcomidas pela erosão, fabricadas com peças mecânicas, que parecem sobreviventes de uma guerra nuclear. É difícil imaginar que o Paolozzi dos anos 1980, que jantava quase todas as noites no Caprice, a poucos passos do Ritz, fosse o mesmo que produziu aquelas imagens fantasmagóricas e traumatizadas da humanidade em seu aspecto mais desesperado. No fim dos anos 1960 sua escultura tinha se tornado lisa e polida, lembrando módulos de design para um novo aeroporto *high-tech*.

Creio que ele tinha consciência disso, e às vezes dizia, "Certo, Jim... Vamos sair". E saíamos para fazer a ronda das ruazinhas nas imediações da King's Road, onde ele remexia nos depósitos das construtoras, apalpando como suas manzorras algum pedaço descartado de madeira ou metal, como se procurasse um brinquedo perdido. Daí voltávamos para o Caprice, com sua clientela de astros de cinema e do *showbiz*, sua acústica horrível e as exclamações de boas vindas, "Eduardo...!", "Francis...!". Por que Francis Bacon frequentava esse lugar é outro mistério. No fim dos anos 1980 acabei tendo que me retirar aos poucos desse ambiente competitivo.

Mas de modo geral Eduardo desfrutava de uma vida idílica, que eu assistia com verdadeira inveja. Trabalhava no seu estúdio ouvindo música enquanto recortava imagens para suas telas de *silkscreen*, conversava com alguma aluna atraente, contava histórias de algum outro viajante sobre uma recente viagem ao Japão, país que o fascinava mais ainda do que os Estados Unidos. Sua velha obsessão com tudo que era americano acabou se esvaindo depois da sua viagem a Berkeley como professor de artes, no fim dos anos 1960. Ele me contou que tinha levado um grupo de alunos a uma visita à fábrica de aviões Douglas, mas eles ficaram entediados com tudo aquilo. A tecnologia avançada podia despertar a imaginação de um europeu, mas os americanos achavam aquilo totalmente normal e não sentiam inspiração alguma ao ver a montagem de um avião a jato, como não sentiriam se vissem uma fábrica de feijão em lata.

Creio que o Japão se tornou para Eduardo a continuação da América de uma outra maneira. A excitação causada por uma tecnologia em permanente autorrenovação era o ponto central do sonho japonês. Ele voltava do Japão carregado de brinquedos de alta tecnologia — robôs estranhos, equipados com sensores eletrônicos, que andavam desajeitadamente pelo seu estúdio. Certa vez me telefonou de Tóquio, e eu mal conseguia ouvi-lo com a balbúrdia das vozes ao fundo tagarelando em japonês. Ele explicou que estava ao lado de uma fileira de máquinas automáticas de venda de cigarros, onde se pode escolher a marca com comandos de voz. Daí gritou, para se fazer ouvir em meio ao barulho: "É meia-noite, não tem mais ninguém aqui. As máquinas quebram e começam a falar uma com a outra...". Eu só gostaria que Eduardo tivesse seguido esse caminho na suas esculturas. E ainda escuto aqueles robôs tagarelando no escuro, repetindo "Obrigado pela sua compra!", "Volte sempre!", interminavelmente pela noite adentro.

A Alemanha era outro grande imã que o atraía, e o país com as esculturas que mais admirava. Lembro-me de lhe dizer que Chris

Evans tinha encontrado algumas latas de filmes do tempo da guerra em um porão do National Physical Laboratory, entre elas um filme didático da Waffen ss sobre como construir uma ponte flutuante. Eduardo ficou muito impressionado. "Isso diz tudo", murmurou ele, sua imaginação acesa com a fusão entre aquelas tropas de elite, quase emblemática, e a realidade prática da engenharia militar. Desconfio que sua obsessão com Wittgenstein, o filósofo austríaco que ficou amigo de Bertrand Russell em Cambridge, tinha muito menos a ver com o seu famoso *Tratado* do que com as idas de Wittgenstein ao cinema para ver Betty Grable.

Eduardo conhecia poucos romancistas, se é que conhecia algum, embora o mesmo se possa dizer de mim. No fim dos anos 1960 eu me sentia muito mais à vontade com um médico como Martin Bax, ou com Chris Evans e Eduardo, do que com meus colegas romancistas. A maioria deles continuava presa em uma sensibilidade literária que já nos anos 1920 estaria fora de lugar. Tenho a satisfação de dizer que o romance melhorou muito nos últimos anos com o surgimento de uma nova geração de escritores, como Will Self, Martin Amis e Iain Sinclair, com uma poderosa imaginação e uma inteligência abrangente e multiforme.

A última festa literária de que participei, na sede da minha editora, a Jonathan Cape, no início dos anos 1970, serviu, pelo menos, para me aproximar um pouco do assustador Lorde Goodman. Cheguei com meu agente, John Wolfers, um homem muito culto, ex-militar que serviu no regimento dos Guardas do País de Gales e foi ferido na batalha de Monte Cassino. Era também alcoólatra compulsivo, e vivia aprisionado em uma relação intensamente competitiva com o chefe da editora, Tom Maschler, que fora seu colega de escola. Naquela noite, John estava muito bêbado, quase não conseguia mais parar em pé. Tentei segurá-lo mas ele me empurrou, falou várias coisas incoerentes durante uns dez segundos e de repente desabou no chão como uma gigantesca árvore derrubada na floresta, arrastando consigo dois ou três convidados de menor estatura. Isso aconteceu várias vezes, deixando a sala cada vez mais vazia.

Por fim consegui descer com ele e levá-lo até a rua. Não havia táxis passando por Bedford Square, mas vi um chofer uniformizado ao lado de uma limusine estacionada em fila dupla. Puxei uma nota de 5 libras (que hoje valeria 50) e ofereci ao motorista, para que levasse John para casa. "Fica em Regent Square, a cinco minutos daqui". Ele aceitou e colocamos John no banco de trás. Quando o chofer ligou o motor, perguntei: "Diga uma coisa, de quem é este carro?". E ele respondeu: "Lorde Goodman".

Não sei como não fui parar algemado na torre de Londres.

19. Tempo de cura (1967)

Continuo achando que meus filhos me criaram e educaram, talvez como uma atividade secundária enquanto criavam e educavam a si mesmos. Fomos saindo juntos da infância deles, eles como adolescentes felizes e confiantes, e eu numa espécie de segunda idade adulta, enriquecida pela experiência de vê-los crescer desde a infância até se tornarem seres humanos plenamente formados, cada um com sua cabeça e suas ambições. Poucos pais observam esse processo extraordinário, o mais significativo em toda a natureza, e — é triste dizer — há muitas mães tão ocupadas com o esforço de governar a casa e a família que mal se dão conta dos inumeráveis milagres da vida que acontecem ao seu redor todos os dias. Eu me julgo extremamente favorecido pela sorte. Os anos que passei como pai de filhos pequenos foram os mais ricos e mais felizes que já conheci, e tenho certeza de que a vida dos meus pais, em contraste, foi muito árida. Para eles a vida doméstica era pouco mais que um anexo social da parte séria, que consistia em jogar bridge e flertar no Country Club.

Minhas amizades com Eduardo Paolozzi, o Dr. Martin Bax, Chris Evans e Michael Moorcock eram importantes para mim mas ficavam no perímetro da minha vida, e sempre dependiam das *baby-sitters* e das normas do dia para estacionamento de veículos. Meus filhos estavam bem no centro da minha vida, e em um círculo em torno deles, à distância, havia minha atividade de escritor. Consegui manter uma produção constante de romances e contos, sobretudo porque passava a maior parte do tempo em casa. Um conto, ou um capítulo de um romance, era escrito no intervalo entre passar a ferro a gravata da escola, servir a salsicha com purê de batatas e assistir *Blue Peter*. Tenho certeza de que a minha ficção só teve a ganhar com isso. Meu maior aliado era o carrinho de bebê no corredor.

Os anos 1960 foram uma década excitante que assisti pela televisão. Como levava de carro as crianças na escola, a festas e a casas de amigos, eu tinha que tomar muito cuidado com a bebida, e não por causa do bafômetro. Aspirei, como fumante passivo, uma boa quantidade de canabis, e certa vez tomei LSD, sem ter a menor noção de como era forte uma única dose. Foi um erro desastroso que abriu uma janela para o inferno, e confirmou minha opção de velho amigo do uísque.

Fay e Bea assumiram o controle da vida familiar, e eu e Jim ficávamos felizes em seguir as ordens. Isso foi um excelente treinamento para todos nós, em especial para as meninas. Elas aproveitaram ao máximo a escola e a universidade, e depois fizeram carreiras de sucesso nas artes e na BBC. Ambas estão felizes com o casamento e os filhos. Desde o início eu incuti na cabeça delas que elas tinham tanto direito às oportunidades de sucesso como qualquer homem, e que jamais deveriam permitir que alguém as explorasse, nem tratasse de cima para baixo. Aliás, eu podia até ter economizado esses conselhos, pois elas sabiam exatamente o que queriam fazer na vida, e estavam decididas a fazer.

Minha filha Fay Ballard

Alguns pais acabam sendo boas mães, e espero ter sido um deles, apesar de que a maioria das mulheres que me conhece diria que fui uma mãe bastante desleixada, famosa pela antipatia às tarefas domésticas, sem se importar com o fato de que uma casa tem que ser limpa de vez em quando, e com muita frequência encontrada com um cigarro em uma mão e uma bebida na outra — em suma, o tipo de mãe que, embora amorosa e fácil de conviver, merece a profunda desaprovação do serviço de assistência social. As jornalistas que me entrevistaram ao longo dos anos sempre mencionam a poeira que seus olhos de águia detectam nos cantos menos frequentados da minha casa. Desconfio que ver um homem sozinho criando filhos aparentemente felizes (fato que elas nunca mencionam) desperta nelas um alarme reflexo, algo bem antiquado. Se as mulheres não são mais necessárias para tirar o pó da casa, que esperança lhes resta? Talvez também a limpeza compulsiva de uma casa de família seja uma tentativa de apagar as emoções reprimidas que ameaçam irromper à luz do dia. A família nuclear, dominada por uma mãe assoberbada de trabalho, é profundamente antinatural, assim como o próprio casamento — parte do alto preço que pagamos para controlar o sexo masculino.

A ausência de uma mãe foi uma profunda perda para meus filhos, mas pelo menos minhas meninas não tiveram de suportar a tensão que eu notava entre muitas mães e suas filhas quando chega a puberdade. Como sempre buscava meus filhos, eu passava muito tempo diante do portão da escola, e logo percebia aquela feroz tensão maternal que tornava a adolescência um inferno para muitas amigas das minhas filhas. Notei muitas mães que simplesmente não conseguiam encarar a realidade, cada vez mais gritante, de que a filha era mais jovem, mais feminina, mais sensual e mais atraente do que elas. Tenho a satisfação de dizer que o aspecto sexual nunca me preocupou — eu me preocupava muito mais com o que poderia acontecer com minhas filhas em um carro do que na cama. Um breve conselho amigo e o endereço da clínica de planejamento familiar do bairro já bastavam; a natureza e o bom senso inato das minhas filhas fariam o resto.

Infelizmente, muitas mães se recusavam a aceitar o simples fato de que a filha tinha chegado à puberdade. Certa vez fui buscar as meninas em uma festa, a primeira festinha onde haveria também meninos. As mães conversavam perto dos seus carros, esperando a festa terminar, e uma delas descreveu, rindo, a sala da casa, negra como breu, vibrando com a música "bate-estaca", onde as formas vagas de suas preciosas filhas e de vários meninos se esparramavam pelos sofás. Uma mãe então saiu da casa e fez um gesto desanimado para as amigas. Veio cambaleando pelo jardim na nossa direção parecendo muito infeliz, quase sem conseguir falar nem andar. Outra mãe perguntou, segurando seus ombros trêmulos: "Helen... A Sally está com um menino?".

Minha filha Beatrice Ballard

Helen olhou fixo para nós, como se tivesse visto o maior horror de todos os horrores. Por fim falou: "Ela está segurando o pênis dele...".

A pessoa mais importante que conheci no fim dos anos 1960 foi Claire Walsh, minha parceira, minha inspiração e minha companheira de vida há quarenta anos. Nós nos conhecemos em uma festa de Michael Moorcock, quando Claire tinha vinte e poucos anos, e de imediato fiquei impressionado com sua beleza e elevada inteligência. Sempre penso que tive uma sorte incrível na minha vida por ter conhecido intimamente quatro mulheres lindas e inteligentes — Mary, minhas filhas e Claire. Claire é uma pessoa cheia de entusiasmo, de firmes princípios, amante de uma boa discussão e extremamente leal, tanto para mim como para os seus muitos amigos. Sua inteligência abrange as mais diversas áreas, é totalmente livre de convencionalismos, e tem sido muito generosa com meus filhos e netos.

A vida com Claire sempre foi interessante — já fizemos muitas viagens de carro, atravessando a metade da Europa, e nunca paramos de falar nem um minuto. Temos em comum muitíssimos interesses — pintura e arquitetura, bons vinhos, viagens, política (ela é uma esquerdista ardorosa, impaciente com minha tendência centrista), cinema e, o mais importante, boa comida. Há muitos anos comemos fora duas vezes por semana. Claire tem agudo discernimento para restaurantes, e com frequência encontra algum novo lugar excelente, muito antes de ser descoberto pela crítica especializada. É grande leitora de jornais e revistas, domina completamente a internet e está sempre me passando artigos e notícias que ela sabe que vão me interessar. É ótima cozinheira, e ao longo dos anos educou meu paladar. Ela já superou galhardamente meu desinteresse pela música e pelo teatro. Acima de tudo, tem me dado um firme apoio para a minha atividade de escritor, e é a minha melhor amiga, entre todos os amigos que já tive.

Quando conheci Claire fiquei deslumbrado com sua grande beleza, seu cabelo loiro natural e seu perfil elegante. Infelizmente, ela já sofreu mais do que seu quinhão de problemas de saúde. Logo depois que nos conhecemos ela precisou fazer uma importante cirurgia nos rins em um hospital londrino, e lembro que no dia em que recebeu alta saímos andando pela Charing Cross Road e fomos até a livraria Foyle's para comprar a "bíblia" da sua operação, um texto médico descrevendo exatamente a cirurgia. E outra atitude típica: Claire se deu ao trabalho de escrever uma carta de agradecimento ao cirurgião que inventou aquele procedimento, na época já aposentado na Nova Zelândia, e recebeu dele uma longa e interessante resposta. Há dez anos ela enfrentou um câncer de mama, mas lutou bravamente essa provação que durou muitos anos. O fato de ter triunfado é um tributo à sua coragem.

Juntos viajamos por toda a Europa e os Estados Unidos para assistir a festivais de cinema e estreias de filmes, com ela sempre cuidando de mim, me mantendo de bom humor e alto astral. Quando nos conhecemos ela trabalhava como diretora de publicidade em uma editora de livros de arte, e passou a exercer esse cargo na Gollancz, Michael Joseph e Allen Lane. Seus conhecimentos sobre o mundo das editoras, e sobre muitas personalidades simpáticas, e outras nem tanto, que ali circulam, tem sido extremamente valioso.

Em retrospecto, percebo que praticamente não há nenhuma cidade, museu ou praia da Europa que eu não associe com Claire. Já passamos milhares de horas felizes com nossos filhos (ela tem uma filha, Jennifer) em diversas praias e embaixo de guarda-sóis à beira de várias piscinas, em hotéis e restaurantes, andando por várias catedrais, desde Chartres até Roma e Sevilha. Claire devora guias turísticos, e sempre encontra alguma capelinha interessante em alguma estradinha pouco frequentada, ou me faz notar o simbolismo especial deste ou daquele santo em algum quadro de Van Eick. Teve uma educação católica, e quando criança morava em um apartamento não longe da catedral de Westminster, cuja nave era praticamente o seu playground na infância. Sempre que nos encontramos na estação Victoria ela me mostra algum leão de pedra, ou o edifício Peabody onde costumava brincar de esconde-esconde com sua turma.

Fiquei tão impressionado com a beleza de Claire que fiz dela o elemento central de dois dos meus "anúncios", que foram publicados em *Ambit*, *Ark* e outras revistas no fim dos anos 1960. Eu anunciava ideias abstratas, em geral tiradas de *A exposição de atrocidades*, tais como "Será que o ângulo entre duas paredes tem um final feliz?" — uma pergunta curiosa que, por algum motivo,

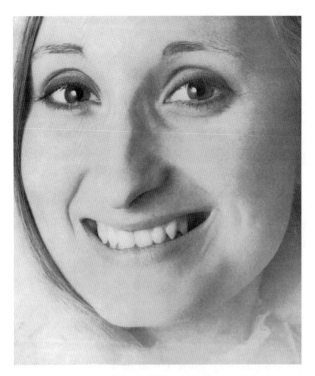

Claire Walsh em 1968

me preocupava na época. Em cada um desses anúncios de página inteira o texto era superposto sobre uma foto brilhante, em impressão de alta qualidade, e a intenção era satirizar as páginas de anúncios na *Vogue* e na *Harper's Bazaar*. Meu raciocínio foi que a maioria dos romances poderia dispensar quase todo o texto e se reduzir a um único slogan evocativo. Resumi minha proposta em um pedido que apresentei ao Conselho de Artes, mas eles se recusaram solenemente a me conceder uma verba com a justificativa surpreendente de que meu pedido era "frívolo". Fiquei decepcionado, pois eu estava pedindo absolutamente a sério, e o Conselho das Artes concedia dezenas de milhares de libras em verbas para atividades que, inconscientemente ou não, eram, sem dúvida, piadas — a própria revista *Ambit* poderia cair nessa categoria, juntamente com a *London Magazine*, a *New Review* e incontáveis revistas de poesia e pequenas editoras.

As verbas concedidas pelo Conselho de Artes ao longo das décadas criaram toda uma categoria de dependentes — poetas, romancistas e editores de fim de semana cuja principal missão na vida é conseguir que o seu financiamento seja renovado, como qualquer um pode perceber facilmente, bastando comparecer a uma festa promovida por alguma revista de poesia e ouvir as conversas. Por que motivo os impostos de gente que vive com uma renda modesta (a fonte da maior parte dos impostos hoje em dia) deveriam sustentar o agradável hobby de um pediatra do norte de Londres, ou de algum sujeito ocioso do Soho, convencido da sua própria importância, como o falecido editor da *New Review*? Está aí uma coisa que nunca compreendi. Imagino que o patrocínio das artes pelo Estado sirva a um papel político — equivale a uma cerimônia de castração, eliminando qualquer impulso revolucionário, e reduzindo a "comunidade artística" a um dócil rebanho domesticado. Eles têm permissão de balir, mas estão enfraquecidos demais para caminhar por conta própria.

Mesmo assim, aquilo que o Conselho de Artes viu como nada mais que uma brincadeira pelo menos colocou o lindo rosto de Claire nas páginas do *Evening Standard*.

E mais um detalhe muito importante — Claire me apresentou ao mundo mágico dos gatos.

20. A nova escultura (1969)

Se *A exposição de atrocidades* foi um show de fogos de artifício em um cemitério, *Crash* foi um raide aéro, um ataque de mil aviões bombardeiros sobre a realidade — embora na época os críticos ingleses achassem que eu tinha perdido o rumo e me transformado em um alvo extremamente vulnerável. *A exposição de atrocidades*, publicado em 1970, foi minha tentativa de perceber o sentido dos anos 1960, uma década em que aparentemente tanta coisa mudou para melhor. A esperança, a juventude e a liberdade eram mais do que slogans; pela primeira vez desde 1939 as pessoas não tinham mais medo do futuro. O passado, dominado pela palavra impressa, cedera lugar ao presente eletrônico, um mundo onde a instantaneidade reina soberana.

Ao mesmo tempo havia correntes subterrâneas mais sinistras, já chegando muito perto da superfície. A ferocidade da guerra do Vietnã, a duradoura sensação de culpa do público pelo assassinato de Kennedy, as vítimas das drogas pesadas, o decidido esforço da cultura do entretenimento para nos infantilizar — tudo isso tinha começado a se colocar como obstáculo entre nós e a nova aurora. A juventude começou a parecer algo meio antigo, e, de qualquer forma, o que poderíamos fazer com toda aquela esperança e liberdade? A cultura do instantâneo permitia que muita coisa acontecesse ao mesmo tempo. As fantasias sexuais se fundiam com a ciência, a política e o culto à celebridade, enquanto a verdade e a razão eram empurradas porta afora. Assistíamos aos "documentários" *Mundo cão*, em que era impossível distinguir entre falsos noticiários mostrando atrocidades e execuções e os acontecimentos reais.

E até que gostávamos que as coisas fossem assim. Era apenas a nossa cumplicidade voluntária, nossa boa vontade para tornar vagas e indistintas a verdade e a realidade que tornava possível o filme *Mundo cão*, e foi assumida por toda a paisagem da mídia, pelos políticos e homens da Igreja. A celebridade era a única coisa que contava. Se negar a Deus tornava um bispo famoso, que opção nos sobrava? Gostávamos de música ambiental, de promessas que nunca eram cumpridas, de slogans sem significado. Nossa fantasia mais *dark* era empurrar uma porta de banheiro meio aberta enquanto Marilyn Monroe jazia, drogada, entre as bolhas de sabão que iam se desfazendo.

Tudo isso tentei captar em *A exposição de atrocidades*. E se o ambiente do dia a dia fosse, em si mesmo, um enorme colapso nervoso? Como saber então se estávamos sãos ou psicóticos? Será que havia algum ritual que pudéssemos realizar, algum sacramento ensandecido, montado a partir de um conjunto de medos e fobias desesperadas, capaz de evocar um mundo com mais significado?

Ao escrever *A exposição de atrocidades* adotei uma visão fragmentada — tão fragmentada como aquele mundo que o livro descrevia. A maioria dos leitores achou o livro difícil de apreender, esperando uma narrativa convencional do tipo A+B+C, e rejeitavam aqueles parágrafos isolados e as fantasias sexuais obsessivas acerca das figuras mais proeminentes da época. Mas o livro continua em catálogo na Grã-Bretanha, na Europa e nos Estados Unidos, e já teve numerosas reedições.

Em Nova York foi publicado pela Doubleday, mas o editor, fã entusiasmado do livro, cometeu o erro de colocar uma prova no carrinho cheio de novos títulos enviado à sala do diretor-geral da editora. Ali, Nelson Doubleday infringiu a regra cardeal de todos os editores americanos: jamais leia um dos seus próprios livros. Ele folheou ao acaso *A exposição de atrocidades*, e seus olhos foram parar em um conto chamado "Por que quero foder Ronald Reagan". Doubleday, que era bom amigo do então governador da Califórnia, em poucos minutos deu ordem para destruir a edição inteira. O livro foi depois lançado pela Grove Press, que publicava William Burroughs e outros proeminentes escritores de vanguarda. Desde os anos 1990 vem saindo pela sua subsidiária Re/Search, de San Francisco, uma editora muito ativa, de espírito aventureiro, das mais destacadas que já conheci, especializada na antropologia urbana do tipo mais bizarro.

Nos últimos anos, *A exposição de atrocidades* parece estar emergindo da escuridão, e me pergunto se o uso generalizado da internet tornou meu livro experimental muito mais acessível. Os parágrafos curtos e descontínuos dos e-mails que recebemos pela manhã, os textos sobrepostos, a necessidade de mudar constantemente o foco da atenção entre tópicos não relacionados — tudo isso cria um mundo fragmentário muito parecido com o texto do livro.

Na época que *A exposição de atrocidades* foi publicado, em 1970, eu já estava envolvido em outro livro que haveria de ser meu primeiro romance "convencional" em cinco anos. Pensei muito sobre o núcleo das ideias que mais tarde vieram a formar

Crash, muitas delas já exploradas em *A exposição de atrocidades*, onde estavam disfarçadas na narrativa fragmentária. *Crash* seria um ataque frontal nessa arena, um ataque explícito a todas as ideias convencionais sobre a nossa repugnância pela violência em geral, e pela violência sexual em particular. Os seres humanos — eu tinha certeza disso — têm uma imaginação muito mais sinistra do que gostaríamos de acreditar. Somos governados pela razão e pelo interesse próprio, mas só quando nos convém ser racionais, e boa parte do tempo preferimos ser entretidos por filmes, livros e histórias em quadrinhos que mostram um nível estarrecedor de violência e crueldade.

Em *Crash* eu proporia abertamente uma forte conexão entre a sexualidade e o desastre de automóvel, fusão motivada sobretudo pelo culto à celebridade. Parecia-me óbvio que a morte de gente famosa em acidentes automobilísticos ressoam muito mais fundo do que a morte em um acidente de avião ou em um incêndio de hotel, como bem vimos na morte de Kennedy em Dallas, em um desfile em carro aberto (um tipo especial de acidente automobilístico), até a tétrica morte da princesa Diana em uma passagem subterrânea em Paris.

Escrever *Crash* seria, sem dúvida, um sério desafio, e eu ainda não estava totalmente convicto da minha tese central, que tanto se desviava das ideias convencionais. Foi então que, em 1970, alguém do New Arts Laboratory de Londres me contatou perguntando se eu gostaria de fazer alguma coisa por lá. Naquele grande edifício, um depósito farmacêutico sem uso, havia um teatro, um cinema e uma galeria de arte (havia também diversas passagens de ar, destinadas a dar vazão a quaisquer eflúvios químicos perigosos, e também úteis, pelo que me disseram, para deixar sair a fumaça da canabis em caso de batida policial).

Ocorreu-me que eu podia testar a minha hipótese sobre as ligações inconscientes entre o sexo e o desastre de automóvel fazendo uma exposição de carros batidos. O Laboratório de Artes se prontificou a ajudar, e me ofereceu a galeria durante um mês. Visitei vários depósitos de carros batidos no norte de Londres e acabei comprando três, inclusive um Pontiac todo arrebentado, que foram levados para a galeria.

Os carros foram então exibidos sem nenhum material gráfico de apoio, como se fossem grandes esculturas. Uma pessoa do Laboratório de Artes que trabalhava na tevê se ofereceu para montar uma câmara com monitores em circuito fechado, onde os visitantes poderiam ver a si mesmos andando em volta dos carros batidos. Concordei e sugeri que contratássemos uma jovem para entrevistar os visitantes sobre suas reações. Ao conversar com ela por telefone, ela concordou em aparecer nua na exposição, mas ao entrar na galeria e ver os carros batidos, mudou de ideia e me disse que faria apenas *topless* — o que já era uma reação significativa, como me pareceu na época.

Encomendei uma boa quantidade de bebidas e tratei a abertura como qualquer noite de estreia de uma exposição de artes, convidando um grupo variado de escritores e jornalistas. Nunca vi os visitantes de uma galeria de arte ficarem bêbados tão depressa. Havia uma fortíssima tensão no ar, como se todo mundo se sentisse ameaçado por algum alarme interno que havia disparado. Ninguém teria notado aqueles carros acidentados se estivessem estacionados na rua lá fora, mas debaixo da luz intensa e fixa dos holofotes da galeria eles pareciam provocar e perturbar. Foi derramado vinho sobre os carros, janelas foram quebradas e a garota de *topless* quase foi estuprada no banco de trás do Pontiac (ou pelo menos foi o que ela disse; mais tarde ela escreveu uma resenha muito negativa intitulada "Ballard Crashes" no jornal underground *Friendz*). Uma jornalista do *New Society* começou a me entrevistar no meio da balbúrdia, mas ficou tão indignada — sentimento do qual o jornal tinha um estoque ilimitado — que precisou ser fisicamente impedida de me atacar.

Durante o mês em que ficaram expostos, os carros foram incessantemente atacados e saqueados. Foram pintados com tinta branca por um grupo de Hare Krishna, virados de cabeça para baixo, tiveram as placas e os espelhos externos arrancados. Quando a exposição terminou e os carros foram levados embora da galeria, sem que ninguém os lamentasse desde o momento em que saíram guinchados pela porta afora, eu já tinha me decidido. Todas as minhas suspeitas tinham sido confirmadas sobre as ligações inconscientes que meu novo livro haveria de explorar. Minha exposição foi, na verdade, um teste psicológico disfarçado de exposição de arte — o que, aliás, também se pode dizer sobre o tubarão de Damien Hirst e a cama de Tracey Emin. Desconfio que não é mais possível deixar os espectadores abalados ou indignados apenas por meios estéticos, como fizeram os impressionistas e os cubistas. É necessário um desafio psicológico que ameace alguma das nossas ilusões mais queridas — seja uma camisa manchada ou uma vaca cortada ao meio, obrigada a suportar uma segunda morte para nos fazer lembrar das nossas ilusões mais queridas sobre a primeira das mortes.

Em 1970, incentivado pela minha exposição de carros acidentados, comecei a escrever *Crash*. Foi mais que um desafio literário, e não só porque eu tinha três crianças pequenas atravessando as ruas de Shepperton todos os dias, e a natureza poderia ter feito mais uma das suas brincadeiras maldosas. Já defini esse romance como uma espécie de hino psicopata, e foi necessário um imenso esforço da vontade para entrar na mente dos personagens. Tentando ser fiel à minha própria imaginação, dei ao narrador meu próprio nome, aceitando tudo que isso implica.

Duas semanas depois de terminar o livro, me envolvi em um desastre de carro quando estava em meu Ford Zephyr, que mais parecia um tanque de guerra, e o pneu dianteiro furou logo na entrada da ponte de Chiswick. O carro saiu de controle, atravessou a pista central e capotou. Por sorte eu estava com o cinto de segurança. Pendurado de cabeça para baixo, percebi que as portas estavam amassadas pelo teto. Ouvi gente gritando "Gasolina, gasolina!" O carro estava bem no meio da pista que vinha no sentido contrário, e tive a sorte de não ser atingido. Por fim consegui abrir a janela e sair. Uma ambulância me levou ao hospital mais próximo, em Roehampton, onde tirei um raio X da cabeça. Tive uma contusão leve, e durante quinze dias uma dor de cabeça constante que passou de repente. Fora isso, escapei ileso.

Em retrospecto, creio que se eu tivesse morrido o acidente poderia muito bem ter sido considerado proposital — pelo menos no nível inconsciente, como se eu cedesse às forças malignas que impulsionavam meu livro. Depois disso nunca mais tive um acidente, e em meio século dirigindo carros nunca precisei pedir uma indenização do seguro. Mas acredito que *Crash* não é um hino à morte mas sim uma tentativa de apaziguar a morte, de comprar a boa vontade do carrasco que espera por todos nós em um jardim silencioso das redondezas, tal como a figura sem cabeça de Francis Bacon, com seu paletó de lã espinha de peixe, sentado pacientemente a uma mesa com uma metralhadora ao lado. *Crash* se situa no ponto onde o sexo e a morte se cruzam, apesar de que esse gráfico é difícil de ler e está constantemente se recalibrando. O mesmo vale, creio, para a cama de Tracey Emin, que nos lembra que o belo corpo dessa jovem acaba de sair de uma sepultura em desordem.

Crash foi publicado em muitos países, e reeditado várias vezes depois que foi filmado em 1996 por David Cronenberg. Na Grã-Bretanha teve um sucesso moderado, mas a Jonathan Cape não mostrou o mesmo tino editorial da editora francesa, a Calman-Lévy de Paris. A edição francesa foi um enorme sucesso e até hoje é meu livro mais conhecido na França. Os críticos franceses aceitaram sem problemas o fato de que o romance une sexo, morte e automóveis. Qualquer pessoa que dirige na França já está entrando nas páginas de *Crash*.

Um fator importante no sucesso de *Crash* na França foi a longa tradição de obras subversivas nesse país, que datam desde, pelo menos, os romances pornográficos do Marquês de Sade, e mais recentemente vão desde os poetas simbolistas até as fantasias anticlericais dos surrealistas e os romances de Céline e Jean Genet. Uma tradição como essa jamais existiu na Inglaterra, e é impossível imaginar *A história de O* sendo publicada nesse país nos anos 1950. Os Estados Unidos, que agora vão se tornando rapidamente um estado teocrático governado por fanáticos de direita e moralistas religiosos, apresentou obstáculos semelhantes aos seus escritores mais problemáticos. *Lolita*, de Nabokov, os dois *Trópicos*, de Henry Miller e *O Almoço Nu*, de William Burroughs, foram todos publicados em primeiro lugar em Paris pela Olympia Press, uma pequena editora especializada em pornografia literária.

Crash criou pouca agitação quando foi lançado na Grã-Bretanha; porém 25 anos mais tarde, após um período em que o país supostamente já tinha se liberalizado, uma ridícula tempestade em copo d'água — o maior copo de água que o jornalismo britânico conseguiu encontrar — mostrou bem até que ponto ainda podíamos ser reprimidos e tolos enquanto país.

O filme *Crash*, de David Cronenberg, foi lançado no Festival de Cinema de Cannes em 1996. Foi o filme mais polêmico do festival, e a controvérsia continuou durante anos, em especial na Inglaterra. Políticos do Partido Conservador desesperados, prevendo a derrota nas eleições gerais iminentes, atacaram o filme tentando ganhar créditos como guardiões da moral e da decência pública. Uma ministra, Virgínia Bottomley, pediu que o filme (que ela não tinha visto) fosse proibido.

O Festival de Cannes é um extraordinário evento de mídia, capaz de intimidar profundamente um reles romancista. É possível que os livros ainda sejam lidos em grandes números, mas os filmes são objeto de sonho. Eu e Claire ficamos assombrados com as multidões aos gritos, as festas suntuosas, as limusines exageradas. Participei de todas as entrevistas publicitárias do filme e fiquei impressionado ao ver como os astros do filme estavam comprometidos com a elegante adaptação do meu romance feita por David Cronenberg.

Eu estava sentado ao lado da atriz principal, Holly Hunter, quando se aproximou um importante crítico de cinema de um jornal americano. Sua primeira pergunta foi: "Holly, o que você está fazendo nessa merda?". Holly saltou da cadeira e partiu para uma apaixonada defesa do filme, acabando com esse crítico por seu provincianismo e sua mentalidade estreita. Foi a melhor atuação do festival, e aplaudi vigorosamente.

Em poucas semanas o filme estreou na França, com muito sucesso, e depois passou a ser exibido em toda a Europa e no resto do mundo. Na América houve problemas quando Ted Turner, que controlava a distribuidora, achou que *Crash* poderia ofender a decência pública. É interessante notar que na época ele era casado com Jane Fonda, que reanimou sua carreira representando o papel de prostitutas (como em *Klute*) ou fazendo malabarismos nua em uma nave espacial forrada de peles (em *Barbarella*).

Na Inglaterra o lançamento foi retardado por um ano quando as autoridades de Westminster o proibiram de ser exibido no West End de Londres, e várias municipalidades do país seguiram o exemplo. Mas quando o filme por fim estreou não houve nenhum desastre de carro tentando imitá-lo, e a polêmica acabou morrendo. David Cronenberg, um homem muito inteligente e profundo, ficou completamente perplexo com a reação dos ingleses. "Mas por quê?", ele vivia me perguntando. "O que está acontecendo por aqui?"

Depois de cinquenta anos morando no país, eu não tinha resposta alguma para lhe dar, nem de longe.

21. Almoços e filmes (1987)

Em 1980 meus três filhos já eram adultos e estavam na universidade. Em um ou dois anos iriam sair de casa e começar suas carreiras longe de mim, e o período mais rico e gratificante da minha vida chegaria ao fim abruptamente. Eu já experimentara um prenúncio de tudo isso. Como sabem todos os pais, a infância parece durar para sempre. Chega então a adolescência e logo vai embora no primeiro ônibus, e lá estamos nós compartilhando a casa da família com jovens adultos simpáticos, que são mais inteligentes, uma companhia mais agradável e mais sábios, em vários aspectos, do que nós mesmos. Mas a infância já passou e fitamos em silêncio as garrafas de uísque vazias na adega, tentando imaginar quantos drinques seriam necessários para preencher o vazio.

Tínhamos passado juntos os anos 1970, suportando o tédio do governo Ted Heath e o crepúsculo do último governo trabalhista em estilo antigo, sobretudo viajando para o exterior sempre que podíamos. Eu, Claire e nossos quatro filhos entrávamos no meu carro, que mais parecia uma sala de estar da família, e tocávamos para Dover, vendo os penhascos brancos da Inglaterra se afastarem, sem nenhuma dor no coração (aliás nunca vi nenhuma lágrima derramada por nem um único passageiro, em incontáveis travessias de ferry pelo Canal da Mancha), e começávamos a respirar em liberdade assim que saíamos do ferry e íamos rodando pelas estradas de pedra da Boulogne. Logo mais sentíamos o cheiro forte e inebriante dos cigarros Gauloises, e mais o cheiro de perfume, *merde* e gasolina francesa de alta octanagem — tudo isso, infelizmente, agora já se foi, inclusive as pedras do calçamento. Por motivos que nunca compreendi, tirávamos poucas fotos, e depois já foi tarde demais, quando os filhos começaram a passar as férias sozinhos. Mas a memória é a maior e melhor galeria de fotos que existe, e posso passar na minha cabeça um arquivo infinito de imagens dos tempos felizes.

Ao me despedir das crianças, quando saí com Claire para nossa primeira viagem sozinhos, comecei a pensar de novo em Shanghai. Eu já tinha quase esquecido a guerra; nunca me referia a Shanghai em conversas com amigos, e raramente até mesmo para Claire e as crianças. Mas sempre desejei escrever a respeito dos anos de guerra e do internamento no campo, em parte porque pouquíssimas pessoas na Inglaterra sabiam da guerra no Pacífico contra os japoneses.

Já fazia quase quarenta anos que eu tinha entrado no campo de Lunghua, e logo minhas lembranças iriam esmaecer. Poucos autores esperaram tanto tempo para escrever sobre as experiências mais formativas da sua vida, e ainda não compreendo por que deixei tantas décadas se passarem. Talvez, como já refleti muitas vezes, tenha demorado vinte anos para esquecer Shanghai e outros vinte anos para me lembrar. Durante meus primeiros anos na Inglaterra depois da guerra, Shanghai se tornou uma cidade inatingível, um Eldorado enterrado debaixo de um passado ao qual eu nunca poderia voltar. Outro motivo era que eu estava esperando meus filhos crescerem. Até eles se tornarem jovens adultos eu era muito protetor, e não queria expô-los, na minha mente, aos perigos que eu mesmo conhecera quando tinha a idade deles.

Uma pergunta que os leitores continuam me fazendo é: Por que você deixou seus pais fora do livro? Quando comecei a pensar nas linhas gerais da história, minha ideia era que os personagens centrais seriam adultos, e as crianças (de qualquer idade) não teriam nenhuma participação. Mas percebi que eu não tinha nenhuma lembrança como adulto do campo de Lunghua, nem de Shanghai. Minhas únicas lembranças da vida no campo de internamento, assim como na cidade, eram as de um pré-adolescente. Eu tinha, e ainda tenho, lembranças vívidas de Shanghai — andar de bicicleta por toda a cidade, explorando edifícios de apartamentos vazios e tentando, sem sucesso, confraternizar com os soldados japoneses. No entanto, não tenho nenhuma lembrança de ir a boates e jantares de gala. Embora passasse o tempo perambulando pelo campo de Lunghua, eu quase não sabia o que acontecia em grandes áreas da vida adulta. Até hoje não sei nada sobre a vida sexual dos internos. Será que eles tinham casos amorosos, naqueles labirintos de cubículos separados por cortinas, que deviam ser ideais para encontros clandestinos? Quase com certeza, creio eu, sobretudo no primeiro ano, quando a saúde dos internos ainda era robusta. Houve casos de gravidez? Sim, e as poucas famílias envolvidas foram transferidas pelos japoneses para outros campos em Shanghai que ficavam perto de algum hospital. Havia rivalidades acirradas, hostilidade e tensão entre os internos? Sim, e assisti a brigas e discussões, tanto entre os homens como entre as mulheres, que às vezes chegavam aos tapas e socos. Mas eu não sabia nada sobre os ressentimentos e o veneno que decerto duravam meses, ou mesmo anos. Meu pai era um homem gregário e se dava bem com a maioria das pessoas, mas minha mãe fez poucos amigos no Bloco G e passava a maior parte do tempo lendo no nosso quartinho. É curioso: embora nós comêssemos, dormíssemos e nos vestíssemos a dois passos de distância um do outro, tenho muito poucas lembranças dela no campo, e nenhuma lembrança da minha irmã.

Assim, aceitei o que provavelmente já tinha assumido desde o início — que *O Império do Sol* seria visto pelos olhos de uma criança que se tornou adolescente durante a guerra e o tempo de internamento. E me parecia que não havia motivo para inventar uma criança fictícia, quando eu já tinha uma prontinha nas minhas mãos: eu mesmo quando jovem. Uma vez que decidi que o romance seria autobiográfico, todas as coisas se encaixaram naturalmente nos seus devidos lugares. Descrevi no romance muitos acontecimentos que ainda conseguia visualizar mentalmente. Havia uma multidão de lembranças que eu precisava unir em uma única trama, e alguns acontecimentos descritos são imaginários; mas, embora *O Império do Sol* seja um romance, tem firme base em experiências verdadeiras, sejam minhas ou as relatadas por outros internos.

Escrever o romance foi surpreendentemente indolor. Uma torrente de lembranças jorrava das minhas folhas datilografadas — a sujeira e a crueldade de Shanghai, o cheiro de coisas mortas nas aldeias desertas, até o fedor do campo de Lunghua, o mau cheiro dos dormitórios superlotados, a imundície, a aparência maltratada, encardida, deprimente daquele lugar que era, na verdade, uma grande favela. Eu me apalpava aqui e ali e as lembranças saltavam de cada bolso. Quando terminei o livro, no fim de 1983, Shanghai tinha saído da sua miragem e se tornado, mais uma vez, uma cidade real.

O Império do Sol foi um enorme sucesso, o único que conheci nessa escala, e vendeu mais do que todos os meus livros anteriores juntos. Fez também com que todas as minhas obras fossem republicadas, na Inglaterra e outros países, e atraiu muitos novos leitores para os meus primeiros livros. Alguns ficavam profundamente decepcionados, e me escreviam cartas do tipo: "Senhor Ballard, poderia explicar, por favor, o que o senhor realmente quis dizer com seu romance *Crash*?". É uma pergunta que não tem resposta possível.

Outros leitores que se identificavam mais com meus romances e contos mais antigos logo encontravam ecos de *O Império do Sol* aqui e ali. As imagens, minhas marcas registradas, que expressei tantas vezes nos trinta anos anteriores — as piscinas vazias, as boates e hotéis abandonados, as pistas de pouso desertas, os rios transbordando — tudo remontava à Shanghai da época da guerra. Por um longo tempo resisti a isso, mas hoje aceito que quase com certeza é verdade. As lembranças de Shanghai que eu tentara reprimir e enterrar vinham agora bater com insistência nas tábuas do assoalho sob os meus pés, infiltrando-se na surdina nos meus textos. Ao mesmo tempo, porém, sempre fui fascinado pelos desertos, e até escrevi um livro inteiro, *Vermillion sands* [Areias vermelhas], situado em um *resort* no deserto, algo como Palm Springs. Contudo, não há deserto algum a um raio de mil milhas de Shanghai, e a única vez que vi areia por ali foi no poço das cobras, no zoológico de Shanghai.

A maioria dos escritores sonha em ver seu romance transformado em filme, mas para cada mil filmes que são visualizados e louvados com entusiasmo durante os almoços mais longos do mundo, apenas um acaba sendo realizado. O mundo do cinema é um alegre balão que se mantém no ar pelo entusiasmo, um excesso ridículo de autoconfiança e todos os sonhos que o dinheiro pode comprar. O pessoal de cinema — produtores, diretores e atores — são ótima companhia, muito mais animados e interessantes do que a maioria dos escritores, e sem o seu entusiasmo e seus heroicos almoços, poucos filmes teriam chegado às telas.

Tive a sorte de encontrar compradores para meus primeiros romances, mas a falta de sorte é que minha carreira de escritor coincidiu com as décadas de declínio da indústria cinematográfica inglesa. Vários filmes baseados nos meus livros foram muito "almoçados", mas jamais lançados.

A primeira vez que vi meu nome, embora escrito errado, nos créditos de um filme foi em 1970, com o lançamento na Inglaterra de *Quando os dinossauros dominavam a Terra*. Era um filme da produtora Hammer, sequência de *Um milhão de anos A.C.*, filme destinado a promover Raquel Welch — e que, por sua vez, foi um *remake* de um original de Hollywood de 1940, com Victor Mature e Carole Landis. A Hammer se especializava em filmes de Drácula e Frankenstein, na época muito desprezados pelos críticos. Mas eram filmes que tinham a coragem de ser extravagantes, com um tremendo impacto visual, sem um único fotograma desperdiçado, e os diretores tinham uma liberdade surpreendente de levar suas obsessões até o limite máximo.

Fui contratado por uma produtora da Hammer, Aida Young, que era grande admiradora de *O mundo submerso*. Ela queria muito que eu escrevesse o roteiro do novo filme da Hammer, uma continuação de *Um milhão de anos A.C.* Curioso para ver como funcionava o mundo do cinema britânico, apareci no escritório da Hammer em Wardour Street, e fui recebido no saguão por um enorme *Tyrannosaurus rex* prestes a deflorar uma atriz loira com biquíni de oncinha. Os créditos berravam: "A maldição dos dinossauros!".

Será que o filme já estava pronto? Eu sabia que produtoras como a Hammer trabalhavam depressa. Mas Aida me garantiu que aquilo era só publicidade, e já tinham definido o título: *Quando os dinossauros dominavam a Terra*. Como Raquel Welch não estaria disponível, pensavam agora em contratar uma atriz tcheca que não falava inglês, mas isso não tinha nenhuma importância, já que não haveria diálogos no filme. Meu trabalho seria inventar uma história forte e envolvente.

Ela me levou até o escritório de Tony Hinds, então diretor da Hammer. Era um sujeito afável, mas tristonho, e ouviu sem fazer comentários enquanto Aida se lançou em um relato, capítulo por capítulo, de *O mundo submerso*, com suas imagens de uma Londres muito quente, meio submersa, e as visões oníricas provocadas pela água.

Quando ela terminou, esperamos que Hinds dissesse alguma coisa. "Água?", repetiu ele. "Já tivemos muitos problemas com água."

Acontece que eles tinham planejado filmar nas Ilhas Canárias. Lembrei-me que os surrealistas tinham visitado as Canárias, fascinados pelas praias negras de pedras vulcânicas e a extraordinária abundância de fauna e flora. Tudo que a Hammer tinha visto eram os benefícios fiscais.

Hinds me perguntou que ideias eu já tinha tido para o filme. Como o prometido contrato ainda não tinha chegado eu dedicara pouca reflexão ao projeto; mas no carro, vindo de Shepperton para o Soho, produzi várias ideias promissoras. Passei a resumi-las da forma mais vívida possível.

"É original demais", comentou ele. Aida concordou: "Jim, nós queremos aquela atmosfera de *O mundo submerso*". Falou como se essa atmosfera fosse algo que se pudesse espalhar com spray, talvez em uma tonalidade bonita de verde-selva.

Hinds então me disse qual seria a ideia central. Sua secretária tinha lhe feito a sugestão naquele dia pela manhã. Era nada menos do que o nascimento da lua — uma das ideias mais antigas e mais cafonas de toda a ficção científica, algo que eu jamais teria a coragem de colocar na sua mesa. Ele me olhou bem fixo, dizendo: "Queremos que você nos conte o que acontece em seguida".

Comecei a pensar, desesperado, percebendo que a indústria cinematográfica não era para mim. "Uma onda gigantesca?"

"Já vimos muitas ondas gigantescas. Quem viu uma, viu todas."

Uma luzinha se acendeu na escuridão total do meu cérebro. "Mas a gente sempre vê essas ondas *chegando*", falei com voz mais forte. "Devíamos mostrar a onda *saindo*! Todas aquelas plantas e criaturas estranhas..." e terminei com um breve curso de biologia surrealista.

Houve um silêncio enquanto ele e Aida se entreolhavam. Achei que logo mais eles me levariam até a porta.

"A onda *saindo*..." Hinds se levantou, obviamente rejuvenescido, e se postou atrás da sua imensa escrivaninha como o Capitão Ahab ao avistar a baleia branca. "Genial, Jim! Quem é o seu agente?"

Saímos para a um almoço finíssimo em um restaurante com decoração romana. Ele e Aida estavam alegres e excitados, já passando para o próximo estágio da produção, definindo os atores principais. Naquele momento não percebi, mas minha utilidade para eles já tinha se esgotado. Eu deveria ter ouvido o "longo e melancólico rugido da onda recuando", mas era animador ver uma ideia minha ser aceita tão depressa, e ser tratado com entusiasmo, amizade e bons vinhos. Os dois já estavam discutindo as complexas relações entre os personagens principais, algo difícil de se imaginar em um filme sem diálogos, com as emoções expressas só em termos de homens de peito nu dando cacetadas um no outro, ou arrastando uma bela loira pelos cabelos até uma caverna próxima. Mais tarde preparei um tratamento da história, parte do qual sobreviveu no filme terminado, juntamente com a minha grande onda.

Para um filme da Hammer foi um sucesso, mas fiquei feliz de escreverem meu nome errado nos créditos.

* * *

Em 1986, dois anos depois da publicação de *O Império do Sol*, uma produtora de cinema de um tipo muito diferente entrou em cena. A Warner Brothers comprou os direitos do livro, e procurou Steven Spielberg, o cineasta de maior sucesso no mundo, para dirigir a produção. Spielberg começou propondo que produziria o filme e pediria a David Lean para dirigir. Mas Lean declinou, dizendo que não era capaz de lidar com o garoto. Talvez o "Jim" do livro fosse muito agressivo e cheio de conflitos para Lean, que gostava que seus atores infantis fossem afeminados e falassem afetadamente. O fato é que Spielberg, com seu talento inigualável para conseguir desempenhos esplêndidos de atores infantis, decidiu que ele próprio iria dirigir.

A maior parte do filme foi filmada em Shanghai e perto de Jerez, na Espanha, onde foi recriado o campo de Lunghua, mas algumas cenas foram filmadas em Londres ou nas proximidades. A casa da família Ballard na avenida Amherst foi dividida entre três casas em Sunningdale, a oeste de Londres, e Spielberg me convidou para fazer figuração na festa a fantasia que abre o filme. Apareci como John Bull,* de cartola e casaco vermelho. Foi no set das filmagens que encontrei Spielberg, e logo fiquei impressionado com sua inteligência, sua ponderação e seu comprometimento com o livro. Cenas difíceis, que poderiam facilmente ser eliminadas, foram atacadas de frente, tais como aquela em que Jim "ressuscita" o jovem piloto camicase e este, por um breve instante, se funde com sua figura jovem, usando um blaser — uma imagem poderosa que expressa a própria essência do livro.

---

* Personagem que representa a Inglaterra, da mesma forma que o "Tio Sam" representa os Estados Unidos. (N. T.)

Uma produção de Spielberg é um evento gigantesco, com centenas de pessoas envolvidas — técnicos, atores, guarda-costas, motoristas de ônibus, o pessoal da alimentação, os artistas da maquiagem. Devido aos custos envolvidos, a escala em que são feitos os filmes de Hollywood exige o mais alto grau de profissionalismo. Este é o paradoxo central do trabalho do cineasta, a meu ver. Durante horas parece que nada acontece no local das filmagens mas, na verdade, nem um segundo está sendo desperdiçado. A iluminação é, de certa forma, mais importante que o desempenho dos atores, o qual pode ser reforçado por astutas manobras de corte e edição. Spielberg é um mestre da narrativa cinematográfica, é claro, e seus filmes transcendem de longe o desempenho dos atores. Ele me disse que "viu" o filme de *O Império do Sol* na cena em que os Mustangs atacam o campo de pouso ao lado de Lunghua e o avião vem voando em câmera lenta aos olhos de Jim, que está em seu posto de observação. É um momento perturbador, um dos muitos desse filme que, a meu ver, é o melhor de Spielberg, e o mais forte em termos de imagens.

Para mim foi fascinante tomar parte nas cenas de Sunningdale, e muito estranho me envolver na recriação laboriosa e exata do lar da minha infância. Os telefones brancos, os exemplares originais da revista *Time*, os lustres e tapetes *art déco* me levaram de volta diretamente para a Shanghai dos anos 1930. Aquelas mansões de Sunningdale tinham uma espantosa semelhança com as de Shanghai — os acessórios, as maçanetas das portas, os batentes das janelas. Na verdade, não foram os cenógrafos do filme que se inspiraram em Shanghai, mas ao contrário — os arquitetos ingleses de Shanghai construíam aquelas casas em estilo Tudor inspirados nas mansões tipo Sunningdale.

Quando a festa a fantasia terminou, os "convidados" foram filmados saindo da casa. Eu também saí — e encontrei à porta uma fila de carros americanos dos anos 1930, Packards e Buicks, cada um com seu chofer chinês uniformizado. A cena era tão igual à Shanghai verdadeira da minha infância que por um momento perdi as forças e desmaiei.

Outras inversões curiosas aconteceram durante a filmagem. Vários vizinhos meus de Shepperton trabalhavam como extras, atraídos pelo estúdio que havia na cidade, e participaram das cenas filmadas na Inglaterra. Lembro-me vividamente de uma mulher, mãe de uma colega de escola das minhas filhas, me dizendo: "Vamos voltar para Shanghai, senhor Ballard. Nós estamos no filme...". Tive a estranha sensação de que decidi morar em Shepperton em 1960 porque sabia, inconscientemente, que no futuro escreveria um romance sobre Shanghai, e que meus vizinhos que trabalhavam como extras algum dia apareceriam em um filme baseado nesse livro.

Outro momento estranho aconteceu quando eu estava no local da filmagem em Shepperton e um garoto de doze anos, vestido com figurino de época, se aproximou e disse, "Olá, senhor Ballard, eu sou você". Era Christian Bale, que fez o papel de Jim de uma maneira tão brilhante, praticamente carregando o filme inteiro nas costas. Atrás dele estavam dois atores de trinta e tantos anos, Emily Richard e Rupert Frazer, também com trajes de época, que sorriram e disseram: "Olá! Nós somos os seus pais". Eram vinte anos mais jovens do que eu, e tive a estranha sensação de que aqueles anos todos tinham desaparecido e eu estava de volta na Shanghai do tempo da guerra.

A estreia do filme em Los Angeles em dezembro de 1987 foi, em si mesma, um épico hollywoodiano. Eu e Claire ficamos hospedados no Beverly Hilton Hotel, de onde se pode ver o famoso letreiro de Hollywood, e lá encontramos Tom Stoppard, autor do roteiro, um homem agradável mas intensamente nervoso. Dezenas de astros e estrelas compareceram à estreia beneficente, algumas de casaco de *vison*, como Dolly Parton, outros de camiseta, como Sean Connery. Mais tarde as ruas próximas foram fechadas ao trânsito e seguimos em procissão, pisando nos tapetes vermelhos colocados no meio da rua, até uma enorme marquise onde foi oferecido um banquete temático, com comida chinesa e artistas chineses dançando o *swing*.

No início de 1988 meu editor americano, Farrar Strauss, organizou uma turnê de duas semanas, passando por seis cidades, para promover meu livro. A agenda era exaustiva — uma roda--viva incessante de entrevistas, tardes de autógrafos, programas de rádio e televisão. Nos Estados Unidos o rádio, quando bem aproveitado, é uma mídia inteligente, ao passo que a televisão é vista como nada mais que um fluxo contínuo de anúncios, incluindo os programas. A publicidade e a promoção são o ar que os americanos respiram, e eles consideram normal que a cada minuto do dia alguém esteja tentando lhes vender alguma coisa.

Muitos eventos meus em livrarias, com leitura do original e autógrafos, estavam cheios de gente, mas outros ficaram completamente vazios, por motivos que ninguém sabia explicar. Os americanos eram invariavelmente amigáveis e prestativos, mas notei uma hostilidade quase universal em relação a Spielberg. Um jornalista me perguntou, "Por que o senhor permitiu que Spielberg filmasse o seu livro?". Quando respondi que Spielberg era o maior diretor de cinema da América, ele logo corrigiu: "O maior, não; o de maior sucesso". Essa foi a única vez que ouvi o sucesso ser menosprezado na América. Em geral essa palavra dá um fim a qualquer discussão sobre o mérito ou a falta de mérito de um filme ou livro. Talvez os jornalistas americanos, que se consideram a consciência do seu país, tenham um ressentimento em relação a Spielberg porque ele revela o lado sentimental e infantil que existe logo abaixo da superfície na vida americana. Com certeza há nos Estados Unidos uma dimensão que falta na Europa, e que um visitante europeu percebe depois de poucos dias no país — uma confiança na ideia da América, que nenhum francês ou inglês jamais sente em relação ao seu país. Ou talvez seja porque nós, na Europa, somos por natureza mais deprimidos.

Na primavera de 1988 houve em Londres uma apresentação de gala de *O Império do Sol*, um evento beneficente com a presença de membros da família real, além de Spielberg e Steve Ross, diretor da Time Warner, homem detentor de enorme influência. Sou republicano de longa data e gostaria de ver a monarquia e todos os títulos hereditários abolidos; mas fiquei impressionado ao ver como a rainha levava a sério o seu trabalho, fazendo comentários agradáveis e amistosos para cada um de nós. Ela não fora bem informada sobre os convidados, e teve que perguntar a Ross o que ele fazia — um exemplo do provincianismo britânico nos seus piores dias (embora não por culpa da rainha). Cher, que estava entre as estrelas de Hollywood na fila dos cumprimentos, sugeriu à rainha que assistisse ao *seu* novo filme, *Feitiço da lua*, que estava passando do outro lado da praça. Seu tom de voz implicava que aquele seria um bom momento para a rainha sair à francesa e fugir correndo do evento, se quisesse assistir a um filme de verdade. Foi mais uma noite extraordinária, e uma das cenas mais estranhas foi quando a banda dos Coldstream Guards entrou marchando no auditório, fazendo a rainha levantar-se para ouvir o seu próprio hino — *God save the Queen*. Achei que ela era a única pessoa que tinha o direito de ficar sentada.

Em 1991 fui convidado para participar do júri do MystFest, um festival de cinema com filmes de crime e mistério, que na época se realizava em Viareggio, na Itália, não longe da praia onde Shelley, morto em um naufrágio, foi cremado por seus amigos. O presidente do júri era Jules Dassin, um dos exilados de Hollywood, marido de Melina Mercouri e diretor de *Rififi*, *A cidade nua* e outros clássicos do cinema *noir*. Outra que estava no júri era Suzanne Cloutier, ex-mulher de Peter Ustinov, que fez o papel de Desdêmona no *Otelo* de Orson Welles. Nick Roeg e Theressa Russell eram os convidados de honra, e conversamos muito no bar do hotel. Claire se deu especialmente bem com um jovem cineasta americano de quem nenhum de nós já ouvira falar; estava mostrando seu primeiro filme, fora da competição, em um cineminha longe da praia. Dassin, um homem bondoso, mas já velho e doente, ainda se recuperando de uma cirurgia do coração, achou esse rapaz muito cansativo, e me perguntou: "Quem é esse moço? Ele faz tanto barulho!". Botei minhas antenas em ação e vim lhe dar o relatório: o rapaz se chamava Quentin Tarantino, e o filme era *Cães de aluguel*. Um ano depois ele já era um dos mais famosos diretores do mundo.

O MystFest foi interessante para mim porque demonstrou a psicologia peculiar do sistema de júri. Nós, os seis jurados, tendo Claire como extra, gostávamos de almoçar juntos nos melhores restaurantes de Viareggio, incluindo um que fora o favorito de Puccini. A mim parecia que estávamos de acordo acerca de tudo e tínhamos o mesmo gosto em matéria de cinema, quer se tratasse de filmes europeus, japoneses ou americanos. Estava certo de que chegaríamos a uma conclusão rápida quando nos reuníssemos para escolher o vencedor.

Quando o festival estava pela metade e tínhamos assistido cinco filmes, Dassin convocou uma reunião. "Esses filmes são um lixo", disse ele. "Vamos dar o prêmio para Roeg." Ainda não tínhamos visto o filme de Roeg, *Desejo selvagem*, e observei que ainda havia seis filmes à nossa espera. "Esses aí também vão ser um lixo", disse ele. Desconfio que Dassin estava sob pressão dos diretores do festival para dar o prêmio de melhor filme para Roeg. Eu e Bob Swaim, diretor americano de *Uma intriga internacional* e *La balance* ("Sempre durmo com as minhas atrizes principais".

Fiquei pasmo. "Você fez sexo com Sigourney Weaver? Me conte." "Não, Sigourney não."), insistimos para ver todos os filmes, embora os outros jurados estivessem prontos para seguir Dassin.

No fim o filme de Roeg não foi, infelizmente, um dos seus melhores trabalhos, e na nossa reunião final Dassin desistiu de tentar lhe dar o primeiro prêmio. Mas os nossos problemas acabavam de começar. Enquanto discutimos os onze filmes, logo ficou claro que nós jamais iríamos concordar. Cada membro do júri tinha o seu favorito, o qual os demais jurados descartavam com total desprezo. Olhávamos para cada um que dava sua opinião como se ele acabasse de anunciar que era Napoleão Bonaparte e estava prestes a ser levado embora pelos homens de branco. Cada escolha diferente da minha me parecia ridícula e absurda. Creio que sentar coletivamente para um julgamento vai contra alguma convicção profunda e inata de que a justiça deve ser dispensada por um único magistrado todo-poderoso. Como é possível que os jurados em um caso de assassinato consigam chegar a um veredicto unânime é algo que escapa à minha compreensão.

Percebendo que estávamos ficando cansados e irritados, Dassin prudentemente pediu um intervalo na discussão. Distribuiu folhas de papel e pediu para cada um escrever seus três filmes preferidos, em ordem descendente. Foi o que fizemos — e o interessante é que o vencedor final do festival não constava da lista de nenhum dos jurados.

Aproximava-se um impasse total, e os ânimos esquentaram. Ninguém estava preparado para ceder nem um centímetro. Fomos salvos por uma única coisa — nossa necessidade urgente de almoçar. Estávamos exaustos, zangados e famélicos. Por fim aceitamos, com gratidão, um candidato que seria uma solução conciliatória, um policial alemão sobre um detetive turco em Berlim. O filme tinha sido mostrado sem legendas, e mal e mal fora compreendido. Mas tinha que servir de qualquer jeito.

A diretora alemã veio de avião para receber o prêmio, mas os organizadores do festival ficaram extremamente insatisfeitos. No fim a honra de Roeg foi satisfeita, mas não da maneira que esperávamos. Na noite de gala, diante de uma massa compacta de jornalistas e câmeras de tevê, descobrimos que nossas deliberações tinham sido rebaixadas para o status de "Prêmio do Júri". O grande prêmio do festival, recém-criado especialmente para a ocasião, foi concedido a Nick Roeg. Enquanto os jurados se retiravam de seus lugares no fundo do palco, conscientes da sua humilhação, pensei que seria melhor se tivéssemos ouvido o conselho do sábio Dassin e dado o prêmio a Roeg logo de saída.

22. Volta a Shanghai (1991)

Meu romance *A bondade das mulheres*, continuação de *O Império do Sol*, foi publicado em 1991, e a série *Bookmark* da tevê BBC decidiu fazer um programa sobre minha vida e meu trabalho. A maior parte foi filmada em Shepperton e arredores, mas passei uma semana em Shanghai com a equipe de filmagem e o diretor, James Runcie. Ele era filho do então arcebispo de Canterbury, o que pode ter tido alguma influência na ajuda que recebemos dos chineses. Dois executivos da televisão de Shanghai, que falavam inglês, passaram a semana toda conosco. Não tenho dúvida de que parte do trabalho deles era ficar de olho em nós, mas eles se desdobraram para conseguir ônibus e carros com ar-condicionado, e afastar qualquer obstáculo do nosso caminho.

Sem o senso de orientação deles é possível que nunca tivéssemos descoberto o campo de Lunghua, hoje completamente engolido pela urbanização da área rural em torno. Nos anos 1930 a nossa casa na avenida Amherst ficava bem no limite dos bairros residenciais na zona oeste de Shanghai. Quando criança, subindo no telhado, eu enxergava as plantações e fazendas que começavam literalmente do outro lado da cerca do nosso jardim. Agora tudo isso tinha desaparecido debaixo do concreto e do asfalto da metrópole, a Grande Shanghai.

A volta a Shanghai, minha única vez em 45 anos, foi uma experiência estranha para mim, começando já na sala de espera da Cathay Pacific no aeroporto de Heathrow. Ali vi as minhas primeiras "mulheres-dragão", chinesas ricas com um olhar duro de dar medo, bem parecidas com algumas que conheciam meus pais e me aterrorizavam quando criança. A maioria delas desceu em Hong Kong, mas outras continuaram comigo até Shanghai. Desembarcamos no aeroporto internacional, em uma das imensas pistas de pouso que atravessam o campo aéreo de Hungjao, onde certa vez, ainda menino, sentei na cabine de um avião de combate chinês abandonado. Quando as mulheres-dragão deixaram seus assentos na primeira classe, suas narinas imaculadas se retorceram com desaprovação, ao sentir aquele odor bem conhecido que poluía o ar noturno — o cheiro de excremento humano, que ainda é o que move a agricultura chinesa.

Nosso carro seguiu para Shanghai por uma ampla avenida nova. As luzes brilhavam através das árvores, e olhando para cima, no ar que parecia feito de micro-ondas, vi enormes arranha-céus construídos nos anos 1980 com o dinheiro dos chineses expatriados. Sob o governo de Deng Xiaoping, Shanghai estava voltando rapidamente ao seu grandioso passado capitalista. Dentro de cada portinha aberta havia algum pequeno comércio funcionando a todo vapor. Um miasma de gordura frita pairava no ar noturno, os locutores tagarelavam no rádio, soavam gongos marcando o início ou o fim de um turno de trabalho, fagulhas voavam do torno em uma oficina mecânica, mães amamentavam os bebês, sentadas pacientemente ao lado de pirâmides de melões, os carros buzinavam, rapazes suados de camiseta fumavam na porta das casas... a atividade incessante de uma colmeia planetária. Na bíblia chinesa só há duas palavras: Ganhar Dinheiro.

O Bund estava intacto, e o mesmo cenário de bancos e agências financeiras continuava de frente para rio Huangpu, repleto de barcos e sampanas. A Nanking Road parecia não ter mudado, com a Sincere's e as grandes lojas de departamento Sun e Sun Sun, abarrotadas de mercadorias do Ocidente. A pista de corridas era agora um imenso local de paradas militares, o único traço visível do regime autoritário. Eu tinha esperanças de ficar no antigo Cathay Hotel (agora Peace Hotel), no Bund, um palácio *art déco* em ruínas. Mais tarde filmamos uma cena em um bar de karaokê onde turistas japoneses bêbados berravam os grandes sucessos de Neil Diamond. Mas o Cathay, onde Noel Coward escreveu *Vidas privadas*, não tinha conexão por fax com o mundo exterior, e assim passamos para o Shanghai Hilton, uma grande torre não longe da antiga Cathedral School para meninas.

As lembranças esperavam por mim em toda parte, tal como velhos amigos à espera no portão de chegada, cada um levando uma plaquinha com meu nome escrito. Na manhã seguinte saí na janela do meu quarto, no décimo sétimo andar do Hilton, e olhei para Shanghai lá embaixo. Percebi de imediato que havia duas Shanghais — a novíssima cidade dos arranha-céus e, no nível da rua, a velha Shanghai que eu percorria de bicicleta ainda menino. O Park Hotel, que dava para a antiga pista de corridas e um vasto bordel para militares americanos depois da guerra, tinha sido no pré-guerra um dos edifícios mais altos da cidade, mas agora parecia um anão perto das gigantescas torres de tevê e dos edifícios de escritórios que escreviam a palavra "dinheiro" de fora a fora no céu. O Hilton Hotel se limitava com a antiga Concessão Francesa, que ainda hoje é uma das maiores concentrações mundiais de arquitetura residencial *art déco*. As casas precisavam de uma mão de tinta, mas lá estavam as janelinhas redondas como portinholas de navio, os balcões tipo marina, as pilastras afuniladas, tomadas de empréstimo a alguma fábrica de automóveis de Detroit dos anos 1930. É curioso, mas as torres de tevê, que transmitiam as novidades à população da cidade, pareciam antiquadas e até tradicionais, como todas que se veem em toda parte, desde Toronto até Tóquio e Seattle. Ao mesmo tempo, os bairros *art déco*, empoeirados e desbotados, eram vigorosamente novos.

Eu tinha um encontro com Runcie e sua equipe de filmagem às nove da manhã no saguão do Hilton, mas uma hora antes escapuli do hotel e saí caminhando pelas ruas, seguindo na direção geral da rua Bubbling Well. As calçadas já estavam superlotadas de vendedores de comida, carregadores levando novas máquinas xerox para os escritórios, jovens secretárias bem-vestidas me olhando com estranheza — um europeu de sessenta anos, gordinho, suado, andando em desvario atrás de alguma coisa

E eu estava mesmo atrás de alguma coisa, apesar de ainda não ter percebido a verdadeira natureza da minha tarefa. Estava à procura do meu eu mais jovem, um garoto de boné e blazer da Cathedral School, que brincava de esconde-esconde com os amigos naquelas ruas, meio século antes. E logo o encontrei, andando apressado junto comigo pela rua Bubbling Well, sorrindo para as datilógrafas intrigadas e tentando esconder o suor que me encharcava a camisa. Na última etapa da nossa viagem, quando decolamos de Hong Kong, fiquei preocupado achando que tinha esperado demais para voltar a Shanghai, e que a cidade real nunca seria igual às minhas lembranças. Só que essas lembranças tinham resistido de uma forma extraordinária, e me senti surpreendentemente em casa, como se estivesse prestes a retomar a vida que me foi cortada quando o *Arrawa* partiu do cais.

Mas alguma coisa estava faltando, e explicava a verdadeira natureza da tarefa que me levou para as ruas sem café da manhã.

* * *

Shanghai sempre fora uma cidade europeia, criada por empresários britânicos e franceses, seguidos depois por holandeses, suíços e alemães. Agora, porém, eles todos tinham partido, e Shanghai era uma cidade chinesa. Todos os anúncios, toda a sinalização das ruas e os letreiros em neon estavam escritos em caracteres chineses. Em parte alguma, durante a semana toda que passamos lá, vi nem um único cartaz em inglês, exceto um enorme anúncio de cigarros Kent. Não havia carros nem ônibus americanos, nada de Studebakers nem Buicks, nada de cartazes de filmes com letras de sete metros de altura anunciando *Branca de Neve e os sete anões, Robin Hood* ou *...E o vento levou.*

Shanghai tinha se esquecido de nós, assim como tinha se esquecido de mim, e as casas *art déco* decadentes da Concessão Francesa faziam parte de um cenário descartado que ia aos poucos sendo desmontado. Os chineses não têm interesse pelo passado. O presente, e uma primeira prestação modesta como entrada para o futuro, é tudo que lhes interessa. Talvez nós, ocidentais, tenhamos uma preocupação excessiva com o passado, sempre envolvidos demais nas nossas lembranças, quase como se tivéssemos medo do presente, e quiséssemos manter um pé bem fincado na segurança do passado. Mais tarde, quando saí de Shanghai e voltei para a Inglaterra com Runcie e a equipe de filmagem, senti uma liberdade intensa. Havia visitado os santuários do meu eu mais jovem; ali fiquei em silêncio por alguns momentos, de cabeça baixa, e dali toquei o carro direto para o aeroporto.

No primeiro dia, às nove da manhã, nós nos reunimos no saguão do Hilton e partimos para a antiga casa da família Ballard, na avenida Amherst. A casa continuava em pé, embora extrema-

A antiga casa da família Ballard na avenida Amherst, em Shanghai, 2005. A fonte, a escultura no jardim e a decoração na parede são adendos recentes

mente dilapidada, com as calhas sustentadas por andaimes de bambu também prestes a despencar. Na época da nossa visita a casa servia como biblioteca do Instituto Estadual de Eletrônica, e havia estantes metálicas com revistas especializadas internacionais em substituição à mobília nos três andares — uma transformação que poderia ter agradado meu pai. Sem ser por isso nada havia mudado, e notei que o mesmo assento do lavatório continuava no meu banheiro. Mas a casa era um fantasma, e passara quase meio século corroendo suas lembranças da família inglesa que a tinha ocupado mas partira sem deixar vestígios.

No dia seguinte partimos para Lunghua no nosso ônibus com ar-condicionado, e passamos quase a manhã inteira tentando localizá-lo. Uma vasta planície urbanizada se estendia para o sul a partir da antiga Shanghai que eu conhecera — um terreno ainda coberto pela neblina, com apartamentos, fábricas e quartéis da

Diante do antigo Bloco G, em 1991

O quarto da família Ballard no antigo Bloco G

polícia e do exército, unidos por estradas e vias elevadas. De vez em quando parávamos e subíamos no teto de algum bloco de apartamentos populares, de onde eu examinava os campos ao redor procurando algum sinal da torre de água. Por fim um dos nossos tradutores chamou um velhinho que cochilava na porta de uma loja de bicicletas. "Europeus... Presos pelos japoneses..." Ele pensou bastante. "Havia um campo... Não me lembro em qual guerra."

Dez minutos depois estávamos no portão do antigo Campo de Lunghua, atualmente Escola Secundária de Shanghai. Quase nada permanecera do campo original. A guarita dos guardas japoneses, dez ou doze edifícios arruinados, os barracões de madeira — tudo isso tinha sido derrubado. Novos edifícios tinham sido construídos, e os velhos reformados.

Fiquei perambulando por ali durante uma hora, ignorando minha câmera mas tirando milhares de fotos dentro dos meus olhos. Em toda parte havia árvores plantadas lado a lado, obedecendo a algum comando maoísta dos anos 1960. Os alunos estavam de férias, e pudemos entrar no Bloco G. A Escola Secundária de Shanghai só tem alunos internos, e todos os quartos estavam trancados — exceto o antigo quarto da família Ballard, que era agora uma espécie de depósito de lixo. Vi um amontoado de trastes, como lembranças descartadas, atirados no chão entre os dois estrados de madeira, ali onde minha mãe leu *Orgulho e preconceito* pela décima vez, e onde eu dormia e sonhava.

O campo de Lunghua estava lá, mas não existia mais.

Desembarquei no aeroporto de Heathrow me sentindo mentalmente ferido, mas também renovado, como se tivesse completado o equivalente psicológico de uma expedição de aventuras. Tinha caminhado até a miragem, aceitado que ela era real, à sua maneira, e conseguido atravessá-la e sair andando do outro lado. Os dez anos seguintes foram dos mais satisfatórios da minha vida.

Minhas filhas Fay e Beatrice foram muito felizes no casamento e cada uma logo teve dois filhos, crianças que amei muito desde o dia em que nasceram. Não há dúvida de que os netos tiram o medo da morte. Eu já tinha cumprido meu dever biológico; na lista de tarefas genéticas, consegui completar a mais importante. Meu filho continua sendo um solteiro convicto, feliz com seus computadores, suas cervejas e suas caminhadas de fim de semana.

Tive a sorte de ficar conhecendo dois colegas escritores e suas animadas esposas, que muitas vezes almoçam comigo e com Claire. Tanto Iain Sinclair como Will Self são muito mais jovens que eu, mas nós vencemos essa distância com o entusiasmo que compartilhamos por diversas coisas, e com nosso interesse pelo mundo que existe para além da cena literária londrina. Sinclair, poeta e dono de forte carisma, traça um poderoso mapa imaginário em suas heroicas caminhadas por Londres, fazendo conexões entre as igrejas dos Templários, os fantasmas arcaicos da zona leste de Londres e as margens do Tâmisa. É também o Ulisses da via expressa M25, e na sua odisseia já percorreu a pé todo esse circuito de duzentos quilômetros, entrando por hospitais do século XIX e cemitérios esquecidos em misteriosas igrejinhas de paróquia. Will Self é outro notável escritor, com dois metros de altura e a expressão de constante surpresa, típica dos homens altos, ao ver o mundo lá embaixo. É rico e generoso em pensamentos e palavras, sempre alcançando novas ideias nas estantes superiores da sua mente e as colocando diante de nós com um floreio. Tanto Sinclair como Self têm uma visão totalmente original do mundo, e nunca ouvi deles nem um único clichê ou lugar-comum, seja nos nossos encontros ou em seus livros geniais.

Continuo pensando em Shanghai, mas sei que a cidade está passando por mais uma das suas intermináveis mudanças. Uma imagem que permanece na minha mente é a visão rapidíssima que tive de um velho chinês agachado atrás de um banquinho, na

Claire Walsh em 1990

porta do Cathay Hotel. Pelo que percebi ele não tinha nada para vender, e não pude deixar de pensar naquele outro velhinho embaixo do seu acolchoado de neve, na avenida Amherst. Mas este parecia confiante, e comia seu almoço em uma tigelinha de louça, espetando os pauzinhos em uma modesta porção de arroz e uma única folha de repolho.

Era muito velho, e fiquei pensando que essa talvez fosse a sua última refeição. Daí olhei melhor para o banquinho, e entendi por que ele parecia tão confiante. Colocados de frente para os passantes, turistas e funcionários de escritório, com os títulos escritos em chinês pela distribuidora de Hong Kong, ali estavam três vídeos de Arnold Schwarzenegger.

23. Voltando para casa (2007)

Em junho de 2006, depois de um ano sentindo dores e um mal-estar que atribuí à artrite, um médico especialista diagnosticou um avançado câncer na próstata, que já tinha alcançado a espinha dorsal e as costelas. É curioso que a única parte da minha anatomia que não foi afetada era justamente a próstata — uma característica comum dessa doença. Mas uma tomografia, procedimento desagradável em que é preciso se deitar em um caixão envolto em barulhos, não deixou dúvidas. Partindo da próstata, o câncer tinha invadido meus ossos.

Passei para os cuidados do professor Jonathan Waxman, do Centro de Câncer do Hospital Hammersmith, na zona oeste de Londres. O professor Waxman é um dos maiores especialistas do país em câncer de próstata, e foi ele quem me salvou em uma época em que eu já estava exausto pela dor intermitente e o medo da morte que apagava tudo o mais da minha mente. Foi Jonathan que me convenceu que em poucas semanas de tratamento a dor iria ceder e eu começaria a sentir algo mais próximo da minha pessoa normal de todo dia. Ele tinha razão, e durante o ano pas-

244

sado, com exceção de uma ou duas pequenas recaídas, eu me senti notavelmente bem. Consegui trabalhar e desfrutar dos encontros nos restaurantes e da companhia dos amigos e da família.

Jonathan sempre foi totalmente franco, deixando-me sem ilusões quanto ao desfecho que acabará acontecendo. Mas ele insiste comigo para que eu leve a vida mais normal possível, e me deu apoio quando eu disse, no início de 2007, que gostaria de escrever minha autobiografia. É graças a Jonathan que encontrei a força de vontade para escrever este livro.

Jonathan é um homem muito inteligente, profundo, sempre delicado, e tem a rara capacidade de perceber o curso de um tratamento médico do ponto de vista do paciente. Sinto-me muito grato sabendo que meus últimos dias se passarão sob os cuidados desse médico de intelecto vigoroso, repleto de sabedoria e bondade.

Shepperton, setembro de 2007

VIET FLIERS NOW

FINAL EDITION

The Lethbr

—No. 206.

LETHBRIDGE, ALBERTA, F

PEN WARFARE BREA

ONT. ELECTION SOON

Plane Refuel onton

irmen Cross —At Fair- ut Noon

ATION E OAKLAND

g. 13.—*(P)*—Six en soared over Pole ice cap they hope will r a future pas-

flights ended western United -stop jumps of nore than 6000

d., 35-ton craft s over the roof ard Fairbanks, ey expected to about noon (1 a flight of ap- miles from hey took off at yesterday. at Controls of the huge mono- and Levaneffsky, nion's most fam-

the ice, the big g over the North urs and 47 min- Moscow. s reported the Pole at 1:40 a.m.

rning (2:10 a.m. my Signal Corps Fairbanks station message from the verything is all

alkovsky appar- nicating with a The part of the l read: page three.)

presses ion For e of West

nt., Aug. 13.—*(P)*

No Interference

✚✚✚   ✚✚✚   ✚✚✚   ✚✚✚
Warning Given Federal Govt.

PONOKA, Alta., Aug. 13.—*(P)*—Warning to the Dominion authorities that their "interference" in Alberta affairs will be dangerous is given in a message sent today Premier Mackenzie King in the terms of a resolution passed at a special meeting of the Ponoka Social Credit group here last night, as follows:

"Banks and bank employees not needed in Alberta if there were no Albertans, so they must exist to serve Albertans. Albertans insist observance of this as terms of their association. Otherwise they will withdraw their association and with it protection and redress of their courts. All free institutions enjoy rights to dictate terms of association, and Albertans insist on observance of their terms by banks and all other institutions within Alberta. Interference from federal authorities shielding banks most dangerous to confederation, considering high tension here."

The message as sent to the prime minister in this form was signed by Gordon L. Peers, secretary of the Social Credit group.

EDMONTON, Aug. 13.—*(P)*—Telegram protesting Prime Minister Mackenzie King's suggestion Alberta's recent banking legislation be tested by the supreme court of Canada before being placed in effect has been dispatched to Ottawa by the Alberta Social Credit League, according to J. A. Maurice, general secretary-treasurer of the organization.

The official said the message was sent on behalf of "the 200,000 people of Alberta who have signed pledges to support the government and all Albertans who are in favor of the legislation."

If Canada's constitution gives the federal government "power to rule by the supreme court against the will and welfare of the people, we have no democracy and do not need provincial legislative assemblies," the telegram states. It criticizes activities of financial and banking institutions.

(Continued on Page Two)

Faulkner Fights For Life; Domeier Is Given Remand

Condition of Crash Victim Poor—Others Out of Danger

VANCOUVER, Aug. 13.— *(P)*— Stanley Faulkner, visitor from Lethbridge, Alta., who suffered a fractured skull and severe internal injuries in an automobile accident here Wednesday night, was fighting for his life in hospital today, his

Exact Date Is Not Revealed By Hepburn

Premier's Stand Against C.I.O. To Be Foremost Issue in Vote

OCT. 19 IS LIKELY DATE SAYS GLOBE

ST. THOMAS, Ont., Aug. 13. —(C.P.)—Exact date of the Ontario election remained a mystery today, but the people of the province had the word of Premier Mitchell Hepburn it would be held "in a short time." They also had the premier's statement that his stand against the C.I.O. would be a foremost issue in the forthcoming battle.

Nominated on his 41st birthday for re-election in his own Elgin riding, the premier was acclaimed by 2,000 western Ontario Liberals in convention here last night. With only Hon. Peter Heenan, Minister of Lands and Forests, absent on a tour, the Ontario cabinet supported the Liberal leader on the platform.

Early Election Desirable

New issues, said Mr. Hepburn, had arisen that made an early election desirable. One of these was "lawless Lewis invasion such as now putting a hand in Ontario workmen's pay envelopes." He referred to John L. Lewis, chairman of the committee for industrial organization, as "that internationa millionaire," part of whose "annua income of $36,000,000 comes from Canada."

Referring to Hon. Earl Rowe Conservative leader, Premier Hepburn said Ontario would "in short time" be given the opportunit of going to the polls "to choose be tween one who had balanced th budget and one who had never ha

(Continued on Page Three.)

BASEBALL RESULTS

NATIONAL LEAGUE

Brooklyn ......200 000 000—2	6	2
Boston ....002 0000 03x—5	9	0

Hoyt and Chervinko; Fette and Mueller.

Philadelphia .. 000 000 000—0 6 0

Revolt Ir

ARING FAIRBANKS

Herald

Winnipeg Wheat
October close···· 130⅞

ST 13, 1937   20 PAGES

OUT IN SHANGHAI

Naval Guns And Chinese teries Go Into Action; res Of Buildings Aflame

NGHAI AGAIN BATTLEGROUND

New Million Dollar Wharf Shelled as Forces Battle in Earnest

1932 HOSTILITIES IN AREA RECALLED

(Associated Press)

SHANGHAI, Aug. 14 — (Saturday) — Hostilities between Japanese bluejackets and Chinese army regulars flared today from Shanghai proper all along the ten-mile way to the Woosung forts, where the Whangpoo river flows into the Yangtze.

Casualties, however, though yet indefinite, were believed low. Reports the Japanese were shelling Woosung persisted all night, without confirmation.

Open Warfare
(Associated Press)

SHANGHAI, Aug. 13 — Japanese naval guns and Chinese and Japanese land batteries pumped hundreds of shells into their opposing forces in open Shanghai warfare tonight.

An artillery duel along the northern fringe of the city set fire to scores of buildings in the Chinese Kiangswan and Chapei areas. A strong wind threatened a holocaust like that of 1932.

MILLION DOLLAR WHARF BOMBARDED

A Japanese warship bombarded the newly-built $1,500,000 Jukong wharf on the left bank

reported to have broken out Chinese on the outskirts of he 1932 hostilities. Above is a scene of the Chinese city with outstanding landmarks clearly shown.

ION OF BRITISH TROOPS RED TO SHANGHAI AREA INFORCE GARRISON THERE

ESTA OBRA FOI COMPOSTA EM MINION PELO ACQUA ESTÚDIO E IMPRESSA
PELA GRÁFICA BARTIRA EM OFSETE SOBRE PAPEL PÓLEN SOFT DA SUZANO
PAPEL E CELULOSE PARA A EDITORA SCHWARCZ EM JULHO DE 2009